Les villes indivisibles

ISBN : 978-2-370841-38-4

Oulipo

Les villes indivisibles

NOUS
MMXXIV

I

Le personnel de William Randolph Hearst a l'ordre permanent de lui passer Amelia Earhart, à quelque heure du jour ou de la nuit qu'elle appelle : dès qu'elle atterrit, où qu'elle se pose, elle peut appeler son numéro personnel, à ses frais à lui. Il ne mettra pas alors plus de deux minutes à terminer ce qu'il fait, gagner son luxueux bureau au téléphone ivoirin, et prendre la communication pour qu'elle lui parle du monde et de ses villes. Il vient un moment, plus tôt qu'on ne s'y attend, dans la vie des grands hommes, des architectes, des barons, où l'orgueil d'avoir conquis et de posséder les richesses de la planète, ses minéraux, ses données, s'estompe et fait place à une indifférence dévorante. Une sensation de vide qui vous prend avec, sous le bourdonnement des affaires du jour, l'implacable silence du trophée de chasse, le cigare qui refroidit dans le cendrier, la statue de glace qui fond jusqu'au défigurement, une grisaille qui réduit océans et cratères à une combinaison aléatoire de couleurs et lignes et lettres sur le globe près de votre bureau et aplanit, les unes après les autres, les dépêches essoufflées qui annoncent hausses et baisses, victoires et défaites, coups d'État et concours de beauté et mouvements des marchés et catastrophes, dans le vrombissement ininterrompu du flot des téléscripteurs. C'est le moment de désespoir où vous découvrez que ce désir, qui vous avait paru la seule logique imaginable, n'est en réalité qu'un gouffre sans fond ni forme, que rien désormais ne peut échapper à votre appétit que l'appétit lui-même, que rien n'a de sens puisque rien n'est impossible. C'est seulement dans les comptes rendus d'Earhart que Hearst réussissait à percevoir, à travers les grésillements, l'idée d'un monde assez mystérieux, séduisant et humain pour lui paraître précieux et nouveau.

Les villes et le mouvement, 1

Celle qui regarde un plan de Lyyli voit d'abord le bleu de la courbe charmante du fleuve autour duquel la ville s'est construite et étendue, puis celui des canaux, incurvés parfois pour contourner les reliefs de la ville, qui arrivent au fleuve de quatre directions et ont remplacé des autoroutes chargées de continuelles norias de camions bruyants et malodorants. Elle suit ensuite les fines lignes noires qui représentent les voies ferrées multipliées pour les convois de marchandises et s'arrêtent aux petits rectangles des gares de l'est, du nord, de l'ouest et du sud, et celle qui suit le chemin de fer circulaire qui, à distance du centre, rencontre toutes les voies, navigables et ferrées.

En se promenant dans la ville blanche et son immense périmètre verdoyant, la voyageuse découvrira près des gares les grands bazars, où des soldats jouent de la guitare pour les habitants qui viennent, en sortant du travail, acheter les piments, l'origan, les tomates et les pastèques du sud, la farine, les bandeaux brodés, les chaînes de cheville et le sucre de l'est, les œufs d'esturgeon et les beaux tissus moirés du nord, les marchandises d'outre-mer et les grands poissons brillants de l'ouest. Elle décrira les jardins de magnolias, les écluses dont les cascades font tourner les roues des moulins, les ponts arqués au-dessus des canaux, les ponts tournants pour prendre lesquels les bicyclettes doivent attendre que soient passées les barques calfatées de goudron. Elle dira que celles-ci transportent lunettes, violons, livres sous leurs reliures de cuir, fruits confits et poissons salés de Lyyli jusqu'aux ports de mer ou au grand aéroport d'où navires et avions cargos les emportent vers d'autres lieux.

Car, même maintenues à distance, même invisibles sur les plans que l'on montre aux visiteurs, les zones portuaires et aéroportuaires existent toujours, que les habitants les plus pauvres de Lyyli rejoignent le matin, au bout d'un trajet toujours plus long, pour travailler dans la pollution qui leur est réservée.

Les villes et le mouvement, 2

Un trait distinctif de la ville d'Hauméa, c'est qu'elle n'a pas de rues. Ainsi, et c'est ce qu'ont souhaité ceux qui l'ont conçue, elle n'a plus de façades et donc peu d'échanges, notamment de chaleur, entre les nombreux immeubles élevés et étroits disposés en quinconce.

Hauméa, comme estompée par le couvercle d'air chaud qui la surmonte, ressemble, vue du ciel, à une planche à clous. Les taches floues qui occupent le quinconce complémentaire sont, je m'en aperçois en les survolant de plus près, des bouquets d'arbres. Au cours de ma descente, j'ai affronté les violentes turbulences qu'engendre la forme oblongue de la ville. Je me suis souvenue, ayant lu les Anciens, que du temps de la vieille Hauméa provinciale l'on appelait les courants concentrés autour de la cathédrale le « vent du diable ».

Bien qu'Hauméa ne soit pas une ville déserte, on n'en voit pas les habitants. Ceux-ci ne sortent que rarement, et seulement dans des petites soucoupes qui volettent à hauteur de fenêtres et qui transportent aussi des marchandises, fabriquées ici, consommées là. Des pistons coulissant dans des cylindres, des arbres à cames et la combustion d'un carburant font mouvoir ces engins, éjectant des résidus ultrafins qui empoisonnent l'atmosphère et y restent emprisonnés. Les habitants sont invités à rester cloîtrés dans les immeubles, où l'air qu'ils respirent est filtré. Les dirigeants dont j'ai entendu les consignes justifient cet enfermement en promettant pour bientôt un air plus pur.

Je ne me suis pas posée. J'ai quitté la zone de turbulences, j'ai poussé les gaz et repris mon cap, vers le levant. Sans rues, sans passants, une ville est-elle encore une ville ?

Les villes et les frontières, 1

Dire à quel moment précis on est entré dans Ksana, c'est déjà argumenter. Y arrive-t-on lorsque l'on franchit le fleuve qui se gribouille à travers le paysage et relie cette mégapole aux friches rurales du pays alentour, ou lorsque l'ultime panneau indique la distance avant d'y parvenir ? La ville commence-t-elle vraiment quand on franchit les remparts séculaires construits par des citadins dits de souche pour ceindre le centre ? Ou bien à la première gare de banlieue dans laquelle les trains embarquent chaque matin des commerçants et des ouvriers ? Ou enfin sitôt que, portée par les ondes hertziennes, la première émission de Radio Ksana se laisse capter ?

Nombreuses aussi sont les cartes qui représentent Ksana de façon argumentée, voire polémique. Il en est qui partagent la ville en divisions administratives classiques, selon les chemins de fer ou de bitume qui la découpent déjà. D'autres la segmentent en fonction de la richesse des habitants de chaque quartier, selon la quantité de pluie reçue au gré de ses microclimats, selon l'intensité des sécheresses qui dominent l'été, selon la perméabilité des sols ou même la propension du quartier à la flânerie. Certaines cartes, toutes de pics et de creux, sont sans cesse mises à jour : l'une suit une épidémie locale, l'autre une vague de délinquance, telle autre encore un courant de radicalisation numérique. C'est sans fin : chaque ministère du gouvernement possède son zonage propre, de l'Intérieur à la Santé ou l'Éducation, et chaque parti d'opposition vient aux prochaines élections brandir son modèle, forcément alternatif.

Je n'ai pas demandé mon chemin aux habitants de Ksana, de peur qu'on ne m'embrouille avec des repères instables, des arbres phares ou des bassins d'eau trompeurs. Toute la nuit je les ai entendus débattre du sens et de l'emplacement des constellations dans le ciel.

Les villes et le mouvement, 3

On raconte que, voici bientôt deux générations, on invita les enfants de la ville de Fulvia à pousser hors les murs la dernière voiture électrique individuelle de la cité. Tous unis à ses trousses ils la poussèrent au ravin où elle tomba en carambole pour se figer dans le lit du ru où elle rouille encore aujourd'hui. Ils rentrèrent dans l'enceinte de la cité en troupeau de petits piétons joyeux. Devant tant d'allégresse, le maire a instauré un jour de fête, et chaque année désormais on célèbre la libération des autos par l'enfance.

Depuis ce jour aucune voiture n'a plus droit de cité. On va dans les rues de Fulvia en courant, en sautant, en clochepiant, en échassant, en pédalant, en trottinettant, en aéroglissant, sans souci de se maintenir sur les trottoirs ou de respecter les passages zébrés qu'on devine plus qu'on les voit encore. Les seuls transports en commun ne portent pas de volant et tracent leur parcours automatique dans un respectueux silence collectif.

Affranchies des autos, les rues se sont emplies d'objets commodes, des canapés, des chaises. L'herbe a repris possession des parkings, on montre des films dans les garages. Les écoles ne sont plus entourées de grilles et de murs. On s'y rend en gambadant, les chiens sont sans laisse et les enfants ne donnent pas la main à leurs parents. Pour entretenir le bel esprit libérateur des grands-parents, le maire organise des courses à pied, des concours de brouettes, des joutes de sauts et de gambades, dotés de prix importants et qui attirent les foules. De longues marches sont organisées avec l'espoir de renforcer les muscles du peuple et de donner santé et prospérité à Fulvia.

Qui se risque dans les couloirs humides des égouts, cependant, peut observer, à l'abri des regards et à la lueur tremblante des bougies, des agissements étranges. Dans ce réseau des égouts dont le plan épouse le plan ancien de la ville, des hommes et des femmes courent, ralentissent aux carrefours, lèvent un bras ou l'autre, marquent des arrêts puis repartent d'un même élan, mimant une circulation ancienne selon un rite que ceux de la surface auraient oublié. Il faut dire que la plupart d'entre eux sont très âgés. Revenus à la surface, ils font mine de rien et marchent comme tout un chacun, un sourire crispé aux lèvres.

Les villes et les frontières, 2

Ayant traversé quatre fleuves, puis l'immense forêt de palétuviers, on parvient à la ville de Begonia, qui est conçue en pétales. Le centre névralgique de la ville est sis en son centre tout court, dans un quartier construit entièrement de marbre blanc, dont le cœur est abrité par un immense dôme d'albâtre. À partir de là, Begonia se développe par excroissances successives, chaque pétale étant le siège d'un métier. Ils sont treize à constituer la première couronne, chacun d'une couleur bien pensée : écru pour l'usine de farine de blé, terre de Sienne pour celle de chocolats, bleu marine pour celle de stylos, vert vif pour celle des robots agrafeuses. Autour de chaque usine s'organise tout un réseau de pavillons individuels, réservés aux travailleurs, « permettant à chacun l'économie de transport souhaitable pour la meilleure productivité ». Entre deux pétales, il est toujours loisible d'en rajouter un nouveau, dès lors qu'une nouvelle industrie se développe à Begonia.

Afin d'éviter toute mutation ou toute contamination, chaque pétale est ceint d'un mur lisse de quinze mètres de haut, enduit de savon noir et protégé par des miradors. C'est en fonction des demandes des industriels que le pouvoir central décide de l'affectation de chacun, et de son enfermement à vie dans son pétale.

Il m'a été donné d'entendre qu'un réseau souterrain complexe et transversal s'active pour permettre des rencontres interpétales, voire des échanges de personnes ou de familles, mais je n'ai pu le constater. La liberté est entière au sein de chaque pétale, m'a-t-on dit. Mais gare à celui qui voudrait voir si le parfum de la fleur est préférable dans un autre pétale.

Les villes et l'eau, 1

La ville de Phaeao est traversée par un grand fleuve canalisé, et qui s'appelle le Fleuve. On dit, à Phaeao, que le Fleuve est la plus grande artère vouée à la circulation de la ville. Son bassin est souvent trop étroit pour son débit, mais quand les barges et péniches traversent la ville les commerçants peuvent vendre ou troquer les produits locaux, massepains, cynorrhodon, saucisses de chèvre, autant dire de la main à la main, le vendeur sur le quai, le marinier ou son compagnon sur le plat-bord, sans avoir ni qui à débarquer ni qui à monter à bord ni qui à s'immobiliser.

Chaque année la crue est attendue avec calme par la population de Phaeao, dont chaque maison, chaque boutique, chaque lieu public est muni de deux rez-de-chaussée : un rez-de-chaussée au rez-de-chaussée et un rez-de-chaussée au premier étage. De cette façon, en période de crue, la vie continue sans solution de continuité, en montant simplement d'un niveau.

À Phaeao, comme dans chaque ville que le Fleuve traverse — et qui se nomme également Phaeao — on dit que le pire est toujours en aval. C'est pourquoi on se soucie davantage de la ville qui se trouve immédiatement en aval que de soi-même, comptant sur le fait que dans la ville qui se trouve immédiatement en amont on se soucie davantage de Phaeao que de soi-même. C'est aussi pourquoi, au moment des pluies diluviennes, les Phaeaoiennes et les Phaeaoiens de tous âges portent ces grands vêtements de pluie, les « mantelles » qui ne se contentent pas de protéger de la pluie, mais servent à en capter quelques litres bientôt stockés dans les hauteurs de la grande salle des pendus de l'ancienne usine de machines agricoles. Chaque habitant est alors libre de prélever sa part d'eau. L'efficacité est assurée en s'appuyant sur le grand nombre. Quand le niveau du fleuve est redevenu acceptable, une grande fête de vidage des capes de pluie est organisée, un moment de liesse où chacun à Phaeao retrouve avec satisfaction son rez-de-chaussée du rez-de-chaussée.

Les villes et le mouvement, 4

Qui survole par hasard cette ville unique et monumentale reconnaîtra Ricouxa, dont la variété des couleurs des façades paraît relever plus de la fantaisie que d'un désir d'harmonie globale. C'est une profusion de nuances et de dégradés, tantôt pastels, tantôt foncés, qui, quand on s'en approche, se ramifie en un chaos chromatique encore plus grand.

Pourtant, nul ne peut se perdre à Ricouxa. La ville a été conçue en une unique Grand-Rue, et pour lui donner toute sa compacité celle-ci est en colimaçon : elle part du centre de Ricouxa et tourne au cours de la journée en sens inverse de l'ombre de la pointe du cadran solaire. Les demeures colorées de Ricouxa, toutes contiguës, s'insèrent entre deux anneaux successifs de la spirale et s'ouvrent de chaque côté. Elles sont numérotées à partir de la maison n° 1, au centre. Il est aussi commode d'aller de la maison 12 à la maison 17 que de la maison 754 à la maison 2563, puisqu'il suffit de suivre Grand-Rue.

La ville a été pensée pour le bien-être piétonnier de ses habitants, qui vivent là en autarcie, pas pour celui des visiteurs étrangers : Ricouxa n'ayant jamais cessé de croître et occupant désormais plusieurs centaines d'hectares, elle n'a jamais été reliée à la moindre route, et ne figure sur aucune carte. Aussi facile qu'elle soit à reconnaître du haut, elle ne se laisse pas atteindre n'importe comment.

Les villes et les frontières, 3

Dans tous les restaurants de Gonggong, ville portuaire, bourdonnante, la carte est identique. Tous les bistrots et tous les cafés, toutes les buvettes et tous les camions proposent aux passants affamés et aux nouveaux arrivants, originaires de partout et venant s'installer souvent pour le long terme, du pot au feu, des ragoûts, des nouilles à l'ail, des topinambours au fromage, de la dorade, de la dinde, des pizzas, des currys, des vins, des jus de fruits, des glaces, des viennoiseries, l'inévitable tarte à la grand-mère. Vous me direz, William, que le concept de cuisine ethnique n'est simplement jamais parvenu à Gonggong, mais il me semble plutôt que la cuisine gonggongoise est vaste, si large, si expansive qu'elle englobe toutes les traditions alimentaires du monde extérieur.

Pourtant la ressemblance frappante de toutes les cartes est aussi un leurre : certains produits agricoles sont évidemment saisonniers, d'autres en voie de raréfaction, d'autres, surtout les viandes et les produits laitiers qui dépendent d'un élevage de plus en plus difficile et coûteux, impossibles à se procurer si ce n'est en les inventant : c'est-à-dire qu'ici chaque restaurateur réinvente à sa façon les plats dont les noms sont devenus de rigueur, selon ses souvenirs ancestraux d'un ailleurs lointain ou proche. Ainsi, dans un ballet gastronomique, tout cuisinier met en jeu ses racines et ses épices fétiches, les protéines et les légumes dont il dispose selon les humeurs du marché et de la planète, histoire de reconstituer la paella, le lad nar, le mafé, le pulao, le tacos, le caradec, le florida.

Si les éléments de la carte ne changent pas, l'ordre dans lequel ils s'y trouvent, lui, varie de manière vertigineuse, de telle sorte que le turbot qui fait amuse-bouche ici est, à quelques minutes de marche, un dessert. Il y a également une diversité accablante de prix demandés : j'aurais pu manger un tiramisu pour quelques écus, un autre pour l'équivalent d'un mois de salaire, un troisième plus loin moyennant une tournée de plonge, une chanson, un nécessaire à coudre, une paire de semelles, un sourire à pleines dents.

Les villes et l'eau, 2

La ville de Huenna est, à présent, deux villes. La ville ancienne, Ti-Huenna, et la ville nouvelle, Ga-Huenna. La première, plus petite, est au-dessus comme au cœur de la seconde. Ti-Huenna se superpose, donc, à la partie centrale et souterraine de Ga-Huenna, tandis que la périphérie de Ga-Huenna est à l'air libre sur une vaste surface du territoire qui entoure d'un gigantesque anneau la ville historique, ou ce qu'il en reste.

Les archives de la ville ancienne de Ti-Huenna font état d'une période reculée tellement désastreuse que les natifs répugnent même à s'en souvenir. Il se dit que ceux qui n'ont pas connu Huenna avant la grande transformation n'ont pas connu la terreur de vivre. Selon certains livres, c'étaient les eaux vicieuses qui avaient juré la perte de Huenna en refusant de s'écouler dans les profondeurs. D'autres pensent plutôt que les édiles de Huenna avaient la conscience aussi bouchée que les anciens trous de la ville, ceux que la modernité dont ils se gargarisaient tant considérait avec pitié.

Désormais, les eaux de Ti-Huenna doivent traverser la partie de Ga-Huenna qui se trouve en-dessous. Cela se fait en bonne intelligence, même si cela n'est pas sans entraîner un taux d'hygrométrie record dans les habitations souterraines. Il n'est pas question de masquer le fait que, ces dernières étant à la location comme à la propriété moins coûteuses qu'à Ti-Huenna ou dans la partie sèche de Ga-Huenna, c'est automatiquement la population la moins opulente qui s'y trouve logée, en ne voyant qui plus est le jour que par des retransmissions par canons à lumière.

Si la vie est douce désormais à Ti- comme à Ga-Huenna, les écarts sociaux ne sont pas passés aux oubliettes, d'autant que, victime de ses succès, Huenna a vu s'accroître presque monstrueusement le nombre de ses habitants.

Les villes hostiles, 1

Parce qu'elle jouit d'un magnifique clair de lune, la ville de Nuwa attire les noctambules désargentés venus de toute la contrée. Parce qu'elle est attirante, Nuwa est aussi devenue hors de prix. On ne s'y loge que si grand-mère y a vécu, que si père y vit encore. On s'entasse de plus en plus nombreux dans des espaces de plus en plus modestes, aussi les nouveaux arrivants y logent-ils dans la rue. Les dépiaulés, comme on les appelle, toujours plus nombreux, vivent sur les trottoirs, sur les parkings, mangent ce qu'ils volent ou ce qu'on leur jette, s'accommodant du chaud, du froid, de l'humide et du sec. La nuit, on peut voir leurs faces blafardes tournées vers la lune, en admiration. Ils puisent là les forces pour supporter les vexations de leurs jours. Leur amour est sans idéal et sans autre futur que lui-même.

Certains jugent leur présence laide et ne souhaitent plus les voir. Deux partis s'affrontent donc dans la ville : les demeurants et les comparants. Les demeurants veulent demeurer en paix et en propriété. Les comparants veulent partager avec les dépiaulés. Partager quoi ? se gaussent les demeurants. Par esprit de démonstration, les comparants descendent parfois vivre dans la rue à la belle lune, faisant acte de solidarité avec les dépiaulés qui n'en demandent pas tant. Plus encore, les comparants agitent les demeurants et les mettent au défi de descendre à leur tour.

Nuwa est constamment sur le point d'éclater en violence, mais quelque levier d'équilibre que j'ignore l'empêche. Pourtant il me semble d'une évidence fatale que tôt ou tard l'affrontement aura lieu, et tout me laisse croire que les comparants, forts de leur croyance en la tradition, l'emporteront. Quand ils auront gagné, ils raseront la ville et toutes les demeures qu'elle contient afin d'éviter le retour de l'ancien sens de la propriété. Et s'il ne reste de la belle Nuwa qu'un tas de gravats, où les habitants sans logis qui s'y couchent iront-ils ?

Peut-être, selon ce que leur ont appris les dépiaulés, se lèveront-ils un soir et se mettront-ils en route, tête haute, en direction de la lune où ils doivent, selon ce que prédit l'Histoire, se perdre.

Lorsqu'ils se rencontrèrent pour la première fois, en 1929, l'année où Hearst finançait le premier tour du monde en zeppelin avec passagers, Earhart dirigeait la rubrique aviation de Cosmopolitan, *de sorte qu'elle était déjà une de ses employées. Hearst utilisait une vaste chaîne de correspondants, pigistes, intermédiaires, maîtres-chanteurs, ambassadeurs et insurgés, bûcherons, triturateurs et maquereaux ; à eux aussi, il répondait au téléphone, mais rarement plus de dix minutes. Ils envoyaient surtout des messages, des télex et des cartes postales, et des listes sur papier à en-tête en néerlandais, en tagalog, en wolof, en malayalam, en espéranto, qui rapportaient dans une terminologie incompréhensible pour lui des faits et des prévisions dont eux-mêmes comprenaient à peine l'importance : vols d'objets précieux et mariages consanguins, bilans des pertes et chiffres des ventes, calomnies chuchotées, signatures de contrats, arbres écorcés, prix du soja, du chanvre, prénoms, noms, statistiques — des chiffres, seule chose souvent sur laquelle Hearst arrivait à concentrer son regard, courbés et dansant dans leurs graphies étrangères. Mais quand la jeune aviatrice l'appelait et lui parlait des lieux qu'elle avait vus, une communication d'un tout autre genre s'établissait entre eux. Ses descriptions n'étaient ni exactes ou économiques, ni résumées ou distillées, c'étaient des images errantes, des talismans, les griffonnages d'un sténographe en délire, déroulant des vignettes de littoraux et de sauterelles, de becs-de-lièvre et de toupies. Téléphonant des lieux éloignés où l'amenaient ses tournées de conférences et les compétitions aériennes, risquant toujours d'être interrompue pour régler un embrouillamini de moteur ou pour serrer la main d'un dignitaire chauve sous le cruel soleil insulaire, elle lui faisait spontanément des rapports fugaces qu'il lui fallait interpréter. Cette ville ressemblait à une enclume posée sur un noyau de pêche, celle-là rappelait une part de brie suant dans une bibliothèque, une autre était comme un poème aux vers désordonnés. Hearst suivait, sans être jamais sûr de la façon dont l'anecdote était liée au lieu, la partie au tout, de ce qui était le présent et le passé, ce qui avait été vu ou entendu ou extrapolé. Mais, aussi dispersés et discontinus que fussent ses mots à elle, ils avaient un pouvoir, une force d'attraction, que lui ne pouvait ni saisir ni rejeter. Dans son esprit, le monde commença à prendre la forme d'un maelstrom jacassant de questions et de réponses, comme les bulles dans l'eau bouillante, chacune répondant, avant d'éclater et de disparaître, à une image qu'elle lui avait suggérée à voix haute.*

Comme les saisons passaient et comme elle continuait à tourner autour du globe, Earhart s'habitua au flot et à l'échange d'informations par les canaux les plus profonds et les plus fréquentés. Ses descriptions devinrent plus précises, plus cliniques, plus éclairantes que celles des autres sources dont Hearst disposait. Et pourtant, aucun récit, aucun compte rendu factuel du passé ou du présent d'un lieu n'avait rendu ce lieu plus net ou plus vivant dans son esprit que ces premières visions chimériques. Les informations nouvelles donnaient à l'image une signification, une densité, mais elles leur retiraient aussi quelque chose. Peut-être que le monde, pensa Hearst, n'est rien d'autre qu'une constellation de réponses que nous n'avons pas encore su associer à des questions.

– Le jour où j'aurai trouvé les réponses à toutes mes questions, demanda-t-il à Earhart, connaîtrai-je enfin le monde ?

Et l'aviatrice rit : – Non, William. Ce jour-là vous serez vous-même question parmi les questions.

II

– Mes correspondants me donnent des renseignements réalistes, la trace matérielle du présent, pas seulement les anomalies mais aussi les continuités, les modèles, lents et peu prévoyants mais qui vont infléchir la forme des prochaines années : des terres rares découvertes, des dérivés pétroliers infinitésimalement moins chers, de nouveaux supports pour le stockage des faits et des chiffres. Et vous ! rit Hearst. Vous touchez terre dans les lieux les plus reculés, les moins familiers, et quand vous téléphonez vous me parlez en métaphores, en microcosmes, en impressions intimes et éphémères d'imperméables et de palétuviers et de motifs sur des murs, sur l'écorce. Qu'est-ce qui vous fait voler ? Qu'est-ce qui vous empêche de rester en place ? Qu'est-ce qui vous pousse en avant ?
– Il n'est pas la même heure où nous sommes, vous et moi, et pourtant nous sommes là, sur la même ligne téléphonique, qui est aussi une métaphore, répondit Amelia Earhart. Quoi que je vous dise, quels que soient le réel ou le potentiel que mes paroles évoquent autour de vous, vous les vivrez comme un produit de cet éloignement, ni plus ni moins que si nous correspondions par lettres, ou via un médium, ou si nous étions face à face, sans langage commun, ni de mots ni de gestes.
– Ma situation est immobile, passive, captive, j'en conviens. Mais vous survolez des chaînes de montagnes et des calottes glaciaires et des usines sidérurgiques et puis vous atterrissez, vous marchez, vous observez avec votre propre regard. Nos éloignements ne peuvent être semblables. Mais il me semble que vous ne me parlez que dans la langue du mien.

Earhart savait que lorsque Hearst songeait ainsi, il n'attendait plus des mots mais le silence, alors elle cessait de parler. Il se taisait aussi, écoutant le passage régulier de son souffle jusqu'à oublier qu'elle était là, jusqu'à ce qu'il lui semblât percevoir le souffle du lieu lui-même, le bourdonnement tranquille de la circulation, les exclamations joyeuses d'enfants jouant dans une fontaine, l'appel plaintif d'une corne de brume, jusqu'à ce que le crissement de la ligne se fût dissous, qu'autour de lui le lieu gagnât en taille et en netteté et qu'il oubliât son corps, ses bras, ses jambes, son cœur, ses poumons et le combiné téléphonique contre son oreille. Il se trouvait pourtant dans un bureau voûté et caverneux de San Simeon, avec à la main un stylo à plume qu'il n'utilisait jamais.
Earhart imaginait qu'elle expliquait (ou alors Hearst imaginait cette explication) que plus on voyageait, que plus on se perdait dans des villes au crépuscule, plus on accumulait d'indices pour comprendre d'autres villes, des villes visitées les jours ou les années précédents, des villes que l'on traverserait dans l'avenir, l'insaisissable avenir qui toujours s'immole sur la lame du présent pour qu'enfin le passé s'immobilise, et qui crée ainsi des structures, des avenues, des voisinages de la mémoire et des habitudes, une sorte de chez-soi à la fois enraciné dans le monde et n'y existant nulle part.

Les villes et le mouvement, 5

Il y a un grand arbre au centre géographique de Tergeste, un séquoia pubescent, robuste et imposant. Son écorce contient déjà de nombreux glyphes anciens, grains de beauté, cicatrices de noblesse, c'est en tout cas ce que disent les habitants que l'on trouve face à lui à tout moment à le contempler avec concentration et fierté. L'arbre est également consultable n'importe quand, depuis n'importe quel lieu, via une maille de surveillance suspendue à la cime qui le relie par une connexion de fibre optique à d'autres arbres dans d'autres villes. C'est le sport principal de cette ville calme, très calme, traversée par un fleuve fourchu et entourée de métropoles plutôt bruyantes. Tergeste dispose d'une équipe d'arboristes, arboriculteurs, élagueurs, et gardes forestiers dont la mission collective est d'assurer la pousse d'un arbre plus beau, plus robuste, plus imposant que ses concurrents poussant ailleurs. C'est un travail de patience. Il n'est pas inhabituel qu'un joueur passe toute sa carrière, voire toute sa vie d'adulte, à accompagner un seul arbre, à le soigner, à l'entraîner, à le bercer le soir et le masser le matin.

Tout comme les autres villes qui constituent cette ligue sportive, Tergeste a été fondée comme un éloge vivant de la lenteur, dont elle clame les vertus sur des affiches apposées un peu partout et qui somment et les habitants et la rare visiteuse de surtout prendre leur temps, de se presser lentement, de se vautrer dans le quotidien, d'interroger les petites cuillers, de résister à la dictature de la vitesse. Mais si vous voulez mon avis, les Tergestois sont à peine plus tranquilles, à peine moins pressés ou plus épanouis, que les habitants de n'importe quelle autre ville. Les gens que j'y ai croisés compulsent aussi leurs appareils de communication, se parlent aussi en vitesse et sans chaleur, courent aussi pour attraper l'unique tramway qui fait le tour, à petite allure, du centre-ville que domine une énorme horloge dont les aiguilles tournent inexorablement, quoique trop lentement pour l'œil humain.

Ce qui rend plus intéressant le sport d'arboriculture, c'est que les jeunes de la ville, sceptiques qu'ils sont par rapport à cet ethos qu'on leur a seriné depuis l'enfance, pratiquent un sport annexe qui consiste à guetter le moment propice — un lapsus d'attention chez les défenseurs, une petite faille dans la diffusion autrement continue — pour inscrire sur l'écorce de l'arbre vedette des graffiti qu'il devra désormais porter comme insigne de sa ville. Ces slogans, que j'ai vus également tatoués sur leurs corps, à l'instar de ceux de leurs parents, sont d'un épicurisme exemplaire, clamant sans retenue un monde sans lendemain.

Les villes et les frontières, 4

La voyageuse est arrivée dans la ville de Faïna au temps du solstice, comme d'autres visiteurs venus de villes fortement dissemblables. Des habitants de Faïna les attendent, qui les accompagnent dans les différentes parties de la ville, leur font visiter les rues enchevêtrées de l'ancienne cité, leur montrent les canaux et les ponts, les places, les maisons, les usines, les théâtres, les boutiques et les écoles des quartiers, leur offrent des plats parfumés et des fruits que les arrivants trouvent exotiques. Puis ils les conduisent sur l'esplanade où ils découvrent la toile d'araignée de fils tendus et de piquets qui tissent comme un modèle réduit de l'ensemble des villes jumelles de Faïna. Là, chacune se plaît à reconnaître et à indiquer la place de sa propre ville.

Et, déjà, la nuit tombe. Tous se regroupent et s'installent dans la grande halle sur des sacs et des tonneaux. Ceux de Faïna racontent comment la ville s'est unie aux villes environnantes pour former la grande Faïna. Les plus âgés se souviennent que la toute première ville à rejoindre Faïna, au début de la toile d'araignée, était Frieda, il fallait alors apprendre à se connaître pour éviter une nouvelle guerre. Certains des visiteurs racontent comment ils ont été accueillis dans des centres ou par des familles des villes où ils se réfugiaient. Leur histoire est celle de la façon dont on leur a enseigné leur nouvelle ville, comment y parler, comment y travailler et y vivre. Comment y aimer, ajoute l'une, y écrire des poèmes, dit un autre, confectionner le poulet yassa, lance un jeune homme, les boulettes de riz parfumé, les raviolis à la vapeur, les propositions fusent. Ce soir à Faïna, tous ne racontent pas dans les mêmes langues, ce qui fait qu'on discute et qu'on traduit en riant de comprendre ou de ne pas comprendre.

Les jours suivants, les visiteuses continuent à apprendre les uns des autres les gestes qui forment une barrière contre la contagion, la forêt qui nourrit et protège, et même l'odeur des éléphants après la pluie, pour les poètes. Lorsque les nuits commencent à raccourcir, ils rentrent chez eux.

Au solstice suivant, c'est une ville de l'autre hémisphère, Osita, Helewalda ou une autre, qui organisera à son tour l'école du réseau, où se rendront des habitantes de Faïna.

Les villes et l'eau, 3

C'est grâce à une démarche innovatrice pour gérer les eaux usées que Bennu est devenue vedette mondiale de la santé publique. Pendant une recrudescence imprévue de la rage vulpine, une équipe d'épidémiologistes bennuviens découvrit, presque par hasard, que la captation et l'analyse d'échantillons prélevés directement dans les égouts de la ville permettaient d'anticiper et de localiser la prochaine flambée de la maladie d'une manière plus précise, plus dynamique et, malgré la besogne peu agréable de filtrer les matières solides qui y échouaient, plus propre que le dépistage individualisé et même le traçage des contacts. Avec le concours d'un secteur privé bien motivé, cette technique fut vite adoptée dans le monde entier.

Les épidémiologistes de Bennu, financés désormais à part entière par une entreprise multinationale et affranchis des contraintes budgétaires et déontologiques de tout État, s'adonnèrent à nouveau à l'expérimentation. L'année suivante ils déclarèrent qu'il était possible de « lire », dans l'eau sale, toute une gamme d'indices sur la menstruation ou la maladie ou la toxicomanie, allant jusqu'à, dirent-ils, son empreinte carbone et ses tendances politiques. Les représentants-actionnaires du projet eurent beau répéter que ce profilage était et serait toujours restreint à l'échelle du quartier, nombreux sont ceux qui ont quitté Bennu en redoutant de voir s'écouler ce qui restait de leur anonymat.

La suite leur a donné raison. Effectivement, si on ne compte pas vivre hors du réseau municipal d'alimentation en eau — et il faut dire que certains le font, plutôt bien même — il est obligatoire à Bennu d'équiper son foyer de toilettes et d'éviers prétendument intelligents, fabriqués par une filière de l'entreprise multinationale, qui savent non seulement lire mais aussi pour ainsi dire écrire, proposant aux heureux utilisateurs via un service streaming connexe une gamme d'eaux spécialisées, adaptées aux habitants d'une zone affligée d'hypertension ou de désenchantement, de pellicules ou d'illettrisme mathématique précoce, à qui des eaux aux vertus rajeunissantes ou apaisantes ou tonifiantes sont livrées directement au robinet ou au tuyau d'arrosage, et facturées selon.

Les villes hostiles, 2

Je ne sais pas, William, si quand vous étiez jeune vous alliez quelquefois, le soir, assister à un spectacle. Moi oui, et la ville d'Ubasti m'a rappelé cette époque. Lors de mon unique visite, j'ai quitté une salle de concert, fatiguée de ma si longue immobilité, mais comme à Ubasti il n'y a pas de bancs aux dossiers desquels s'appuyer, ni même sur lesquels s'allonger — ce sont des réunions de sièges individuels — comme il n'y a pas non plus de pelouses sans arroseur ni de trottoirs sans bosses anti-skateurs, j'ai fini par m'écrouler dans l'entrée d'un magasin de serrurier, et j'ai reçu aussitôt une dose de gaz lacrymogène.

Ubasti, cette belle ville construite à l'ancienne, avec ses quartiers intimes, ses rues sinueuses et ses petits commerces, est conçue pour privilégier le bien-être des habitants qui en font un usage « correct ». Soit on prend ses aises sur une terrasse de bistrot, une cour intérieure de musée, une place de métro ou de tramway, soit on rentre chez soi. L'usage « incorrect » est ainsi l'apanage de ceux et de celles qui ne peuvent s'offrir une pause tarifée, sans même parler d'un chez-soi. Le code prévoit pour ces derniers — manifestants, sans-abris, touristes infortunés — des contraventions pour atteinte à l'ordre public.

Ubasti est une ville dont chaque surface plate s'est couverte de pics et de boulons, dont chaque recoin s'est endigué de rochers anguleux, et dont chaque angle est inhospitalièrement aigu. Les auvents ont des fentes qui laissent descendre un jet concentré d'eau les jours de pluie, et il en allait de même pour les fientes aviaires avant que l'on n'ait installé sur les branches des arbres de petits clous qui découragent l'oiseau migrateur et ses atterrissages intempestifs.

Telle que je la comprends, l'histoire d'Ubasti est une course aux armements entre les architectes et les édiles qui restreignent toujours plus l'indolence dans l'espace public et les « intrus », toujours plus inventifs, plus hardis, plus capables d'évoluer, et qui résistent, s'installant plus ou moins confortablement en faisant le dos rond.

Les villes et le travail, 1

Tous les habitants de la ville de Syringa sont conviés une fois par an à peindre leur ville en vert. Il ne s'agit pas, comme l'explique le maire à quiconque veut l'écouter, de se déplacer bêtement avec un seau de peinture et un rouleau pour badigeonner les façades, mais bien plutôt d'inventer le vert. Comme Syringa est une mégapole, cette fête annuelle sert aussi à rassembler et à réunir les communautés dispersées, chacune ayant sa nuance fétiche de vert.

Puisqu'il ne s'agit pas de peindre, les plus irréfléchis et les plus rapides attaquent la ville à la masse, ne gardant d'elle que quelques pans de mur vert, quelques morceaux de salles de bains en carreaux verts, des douches, des tuyaux de plomb, des plantes d'intérieur, des bambous. Ils épargnent les façades couvertes de houblon grimpant, de Renouée d'Aubert, d'aristoloches, d'actinidia ou de lierre. Lorsqu'ils ont terminé leur terrible besogne, la ville est réduite à des pans de murs déchiquetés qui brillent de mille verts sur le fond de ciel bleu. La population se réfugie sous des tentes vertes dressées en hâte sur la place de la République, on cuit des choux, on touille des laitues, on fait sauter des brocolis, on dresse des canapés aux épinards, on ouvre le vinho verde, et on célèbre l'inauguration des ruines, comme si la ville connaissait une renaissance.

Tard dans la soirée, le ciel s'assombrit et roule de gros nuages noirs. Des éclairs zèbrent le barnum et s'approchent en rang serré avec l'orage. Soudain le grand sapin vert qui trône au milieu de la place, celui-là même qu'on a illuminé lors du Noël précédent, est touché. L'éclair le fend et il tombe cramé sur le buffet du soir.

Vous aurez sans doute du mal à croire que les mêmes choses se produisent de la même manière tous les ans, mais c'est ce que m'ont rapporté fidèlement et indépendamment tous les habitants de Syringa avec qui j'ai discuté. Et c'est ainsi que cela s'est passé pendant mon séjour, où du jour au lendemain la ville ne se reconnaissait plus.

Earhart le savait bien, Hearst avait les moyens de payer leurs conversations téléphoniques, qui pouvaient durer des heures et atteignaient souvent des coûts exorbitants. La dépense était négligeable, mais il la ressentait vivement, il jouait avec cette idée pendant leurs longs silences pensifs, l'imaginait intensément en rivière paresseuse, en diminution lente, telle la traînée d'encre d'une seiche qui s'éloigne. Où cet argent, cette richesse, se retrouveraient-ils demain ? À quels panneaux de circulation invisibles, à quelles contraintes cachées auraient-ils obéi ? Parviendraient-ils jusqu'à Earhart, et serait-elle encore au sol ? Là-bas, était-ce déjà demain ? Sa fortune saurait-elle rattraper son retard ? S'il restait en ligne assez longtemps, entendrait-il les ondes, les variations de son capital, retransmises comme les cris au sommet d'une montagne, le mugissement de l'océan dans la coquille d'un nautile ? Peut-être après tout était-ce cela qu'il écoutait, lorsqu'ils parlaient, le son des nouvelles tendu vers son oreille, une obsession sifflant comme le vent dans les rues, car le vent choisit, par définition, une direction dans laquelle souffler. C'est finalement Earhart qui lui fit remarquer à quel point, après des décennies de prévisions météorologiques, de prédictions boursières et d'éditions du soir, il parlait du lendemain. Avec quelle force il se fiait à un mot qui était un abrégé, dit-elle, pour une sorte d'anxiété du présent, une résignation à l'hypothèse que seul le recul lui donnerait du sens. Mais c'est le contraire, protesta-t-il, mon fonds de commerce, c'est le futur, et c'est sur sa prévision que s'est élevé mon empire. Peut-être la prévision

est-elle une illusion, dit-elle : demain est une tautologie utile, mais c'est un mirage. Votre empire est fondé sur l'héritage, et les histoires que vous imprimez pour le conserver disent aujourd'hui ce qui s'est produit hier, elles disent le présent au passé. Et parler au passé, dit-elle, est un privilège et une malédiction.
Avec le temps ils en vinrent à ignorer cette question du temps qui passe et du temps des verbes, de savoir si le monde est un flot ou une saccade de tambour, l'horloge carillonnante d'une tour ou le bourdonnement d'une rumeur. Ses descriptions devinrent plus précises, plus télégraphiques, ou alors c'est qu'il parvenait mieux à déplier les emblèmes avec lesquels elle parlait, mais le plus souvent ils s'installaient dans des silences confortables, y arrivaient plus vite, y demeuraient plus longtemps, et, comme cette facilité s'accroissait, une sorte de grammaire de l'expérience vécue et du symbolisme s'installa entre eux, dans laquelle chaque pause significative était un signe de ponctuation, chaque détail d'une ville la légende d'un autre morceau de l'espace, un lien, qui déformait ou remplaçait un objet familier par une légère variation d'un autre, faisant en contrepartie émerger, dans un espace négatif non consommé, un nouveau dessin.

III

Hearst s'était aperçu des ressemblances entre les villes d'Earhart, des motifs, des échos et des affinités. De subtils passages. Il aimait les reconnaître, cela lui donnait le sentiment d'exercer son cerveau, de devenir plus intelligent, plus ouvert au monde. Désormais, de chaque ville qu'Earhart lui décrivait, son esprit se mettait à jouer avec ces unités discrètes mais multiplement connectées, les analysait et les recombinait en variantes, mutations contrôlées, métropoles isotopiques se développant puis déclinant dans son esprit. Tandis qu'il jouait avec leurs parties modulaires, leurs gratte-ciels et leurs quartiers chauds et leurs superlatifs anecdotiques, leurs climats capricieux et les bizarreries géologiques sous-jacentes, le contenu de ses imaginations s'écartait des rapports qu'elle lui faisait, jusqu'à ce qu'un moment arrive où il s'apercevait qu'il n'écoutait plus ce qu'elle disait, ou ne disait pas.

– Dites-moi si j'ai bien compris, dit-il quelques instants languissants après un de leurs silences. Dites-moi si vous avez vu cet endroit. Je pense à une ville qui est en réalité un groupe d'îles presque submergées, séparées par des eaux calmes au-dessus d'un volcan éteint, une ville dont les îles constitutives ont des économies diverses et font des commerces très actifs de tessons de céramique et de bois flotté peint et d'équipements radio rouillés, de curiosités recherchées comme des perles et distribuées par filets, une ville peuplée d'anthropologues et de crocheteurs hantés par les restes de leurs ancêtres. Un tel endroit existe-t-il ?

– Oui, William, dit-elle patiemment, c'est là que je suis maintenant.

– Vous le connaissez ? Où est-ce ? Quel est son nom ?

– Je ne sais pas, dit-elle. Je ne sais pas toujours.

Les villes et les frontières, 5

Vue du ciel, la ville d'Ihastoutawa semble une mare jaunâtre d'où émergent les terrasses de bastions élevés en béton gris, entourée, sur les hauteurs, de vastes demeures. Selon un des atlas anciens de Hearst, le nom du lieu était jadis un équivalent de « ravissant ravin » dans la langue locale : le paysage verdoyant répétait celui des rives obscures d'un profond lac souterrain.

La ville nouvelle d'Ihastoutawa s'est construite autour de mille puits, et d'un centre d'immeubles plutôt banals entourés, sur les pentes du « ravin », de riches demeures sans autre beauté que leur richesse et, encore plus haut, de grands espaces dédiés aux industries, au commerce et aux activités sportives et culturelles.

Bien qu'il ne pleuve pas davantage qu'autrefois, les inondations se sont, au fil des années, multipliées. La partie la plus basse du centre est devenue une sorte de marécage. L'eau et la boue sont souvent si hautes que les habitants n'occupent plus que les étages supérieurs des immeubles qu'ils atteignent grâce à des arrangements compliqués d'échelles et de passerelles qui compensent la disparition de telle ou telle rue. Plusieurs bâtiments se sont déjà effondrés, minés par l'humidité. Des mille puits qui fournissaient l'eau potable à la population, la plupart sont engorgés, seuls trois cent onze sont encore en usage et l'eau que l'on en tire est d'assez basse qualité.

Les moustiques ont découragé la bourgeoisie locale et beaucoup des maisons des pentes sont vides. Les habitants du « fond », qui s'appellent entre eux « les inondés », ayant décidé de prendre l'avenir d'Ihastoutawa en mains, ont formé des équipes d'hommes et de femmes, armées les unes de pioches et d'outils destructeurs de macadam, d'autres de semoirs et de sacs de graines. Ils ont remplacé les piscines familiales par des jardins et le macadam des parkings et des allées indispensables par du dallage alvéolé. Ils ont créé une usine chimique pour éliminer le bitume des morceaux de macadam et recycler le sable et le gravier qu'il contient. Ce programme devait permettre au sol d'absorber et de filtrer l'eau de pluie, pour recommencer, au fil des années, à alimenter le lac souterrain. Le paysage invisible est la condition du paysage visible.

Les villes et l'eau, 4

Salacia, fondée il y a des milliers d'années dans le delta d'une rivière de calibre moyen qui rejoint l'océan à un endroit où il est réputé pour la blancheur de ses eaux, se rétrécit. Personne ne le nie. Il en est ainsi depuis toujours. Si on déplore qu'elle devienne inhabitable, que les plus beaux jours de sa vie de ville soient sans doute passés, je suis persuadée que c'est surtout une manière de parler, voire de penser, de vivre le passage du temps, plutôt que la matière d'une dépression collective. Que l'on répète comme un mantra que tout était mieux avant, non pas par mélancolie mais par une grande fascination pour le passé, une époque révolue et pourtant pas oubliée où les couchers de soleil étaient plus doux, les hivers moins cruels, les vagues qui à chaque marée mordillent un peu plus de plage moins infatigables et le goût du sel moins présent dans l'eau du robinet.

Ce que j'ai tout de suite remarqué la première fois que j'ai atterri à Salacia, et ce qui m'attire l'œil à nouveau chaque fois que j'y retourne, c'est le béton. Vu d'en haut, on dirait une palette de peintre dont l'intérieur se remplit au fur et à mesure d'innombrables nuances de beige, ce qui se ramifie après inspection terrestre en pentes bétonnées, pavois bétonnés, arcades bétonnées, passages piétons rebétonnés. En parcourant ces douves improvisées, ces colmatages soigneusement appliqués, vous soupçonnerez que ce n'est pas qu'un rempart contre la certitude des vagues grandissantes, les inondations, les coulées de boue, mais aussi une façon de figer le temps et la mesure du monde actuel, de protéger dans une carapace rigide, cadavérique, la moelle qui résiste en se recroquevillant toujours un peu plus.

Les villes hostiles, 3

La ville d'Otila se purifie constamment : la population y jouit de l'air le plus immaculé qui soit. Tout ce qu'elle hume, chaque halètement, chaque inhalation, chaque reniflement a été préalablement méticuleusement filtré, chaque souffle, chaque soupir, sifflement, toux, éternuement ou ronflement sera retraité et débarrassé de la moindre vilenie qui pourrait y nicher. Partout dans la ville, s'y emploie un titanesque réseau de ventilation envahissant peu à peu l'espace public et privé. Il recycle en permanence l'atmosphère ambiante, traquant sans pitié les microparticules perfides, les monoxydes et dioxydes malsains, le moindre métal lourd, l'ozone pernicieux, absorbant scrupuleusement la plus petite trace d'hydrocarbure ou le composé organique volatil le plus subtil. L'air qu'absorbent ces ventilateurs transite au travers de plusieurs filtres où tout un dispositif complexe à base de catalyseurs, de piles à combustible, de cellules photoélectrochimiques et de membranes de nanomatériaux le régule avant de le réinjecter dans l'atmosphère.

La gloire d'Otila se mesure à la longévité de sa population qui s'accroît toujours davantage. Le respect qui entoure ce réseau d'épuration et ceux qui l'ont mis au point est immense, inspirant une quasi vénération, et nul ne songe à en savoir plus ou à aller à l'encontre de l'expansion perpétuelle de ce réseau de traitement de l'air.

Chaque jour ce sont des quantités de particules et de résidus de plus en plus considérables qu'il faut évacuer de plus en plus loin, car l'air filtré se gorge toujours plus de polluants en tous genres. Ainsi s'accroît tout autant le parc de machines toujours plus performantes que le nombre d'ingénieurs, de techniciens spécialisés, d'industriels qui y œuvrent continuellement. Il faut presque sans cesse bâtir en périphérie de la ville de nouveaux laboratoires de recherche, des centres industriels innovants, nécessitant toujours plus d'énergie, de flux d'approvisionnement, soutirant de la terre toujours plus de matériaux précieux et de terres rares dans un ballet incessant d'engins de chantiers, de semi-remorques, de porte-conteneurs et d'avions-cargos.

Les villes et le travail, 2

À Hiera, si le mot *travail* n'a pas été interdit, il n'a pas bonne presse. L'idée, m'a-t-on expliqué, est que ce qu'on appelait encore naguère le travail serve enfin à quelque chose sans nuire à personne. Plus de ces usines nocives produisant des inutilités qui faisaient baver les foules rêvant de leur acquisition. Plus de ces heures de labeur aveugle achetées chichement et sans régularité par des acquéreurs et actionnaires plus ou moins véreux. Ce n'est pas l'effet d'une théorie ou d'une révolution, mais celui d'une nécessité implacable. On ne travaille plus à Hiera, on exerce gracieusement les métiers indispensables, en artisans comme en ingénieurs, à la poursuite de la vie quotidienne en ses domaines essentiels : un toit, un livre, un repas, un concert, une douche, un film.

La ville de Hiera s'est laissée modeler paisiblement au gré d'une inventivité sociale stupéfiante. À force de devoir, par nécessité au début, délaisser les services et plaisirs payants qui n'étaient pas dans leurs moyens, les habitants de Hiera ont créé les leurs sans coup férir ni faire de vagues. L'électricité est gratuite, l'eau est gratuite, comme le vin et la comédie, la gratuité elle-même est gratuite.

Il n'y a plus d'actionnaires ici, mais des « passionnaires ». Pour cette façon de se nommer, on n'a eu recours à aucune officine de communication. Passionnaires, pour la raison que les biens, les idées, les objets, quels qu'ils soient, sont toujours en mouvement, ils n'existent qu'en passant, ce qui ne va pas toujours de soi. Cela ne se peut qu'au prix d'une absence d'amour pour ces objets ou du moins d'un renoncement à les garder dans un enclos de propriétaire. Tous les citoyens de Hiera ne sont pas arrivés au même degré de dé-convoitise. Mais la moindre des beautés de Hiera n'est pas que tout visiteur est immédiatement frappé par la forme exclusive des portes, lesquelles sont toutes, sans exception, battantes.

Les villes connectées, 1

En arrivant à Pannopea, j'ai d'abord été frappée par l'air joyeux des passants qui parcourent ses rues. Tous parlaient gaiement à des interlocuteurs invisibles qui sans doute marchaient, eux aussi, dans d'autres rues, tenant à la main ou arborant autour de son cou un watchphone semblable à celui que j'ai dû accepter d'acheter pour entrer dans la ville. Çà et là, sur les murs, les lampadaires, les panneaux publicitaires et même parmi les pavés des rues et des avenues, de gros yeux globuleux, qui sont des caméras, veillent sur le bonheur des habitants. La sécurité, d'abord de leurs propriétés — face à de possibles voleurs — puis de leur santé — face à de possibles vagues de contagion — a convaincu les Pannoppéens de la nécessité que la ville sache à chaque instant où ils sont, avec qui, ce qu'ils font, ce qu'ils disent et même ce qu'ils pensent.

Une très ancienne habitante de Pannopea, aujourd'hui émigrée, m'avait dit que sans doute je verrais à Pannopea des habitants qui avancent, silencieux, courbés, rasant les murs, le visage dirigé vers le sol, comme à la recherche d'un objet qu'ils auraient perdu. Que ceux-ci sortent de préférence la nuit, qu'ils n'ont aucun appareil pour communiquer entre eux, mais qu'ils avancent, en courtes ribambelles, se tenant par la main pour s'indiquer les chemins les plus sûrs. Qu'ils tentent d'éviter le regard des yeux globuleux du système qu'on appelle la visibilité urbaine. Mais je n'ai jamais rien vu de tel. À Pannopea, presque personne ne s'en souvient et personne n'en parle.

L'immense centre de la visibilité urbaine installé sous la coupole de béton, sur la place où s'étaient trouvés naguère l'hôtel de ville et la caserne, aujourd'hui inutiles, suffit, en connectant à très grande vitesse visages, paroles, mouvements, sentiments et idées, à garantir l'ordre et la propriété.

Je n'ai passé que quelques heures à Pannopea. Malgré plusieurs pensées que la visibilité a classées comme inadéquates, j'ai pu reprendre mon voyage, parce qu'on savait que je quittais Pannopea pour n'y pas revenir.

Hearst demanda un jour à Earhart ce qu'elle avait appris sur les villes. Pas sur les villes individuelles qu'elle avait vues les unes à la suite des autres, mais sur l'objet ville, l'entité, l'abstraction vivante, le produit de l'agitation humaine et de l'intelligence et du travail.

– On peut les reconnaître d'en haut à de nombreux signes, dit-elle, la façon dont le terrain devient dense et fragile, grêlé de lumières artificielles et scarifié par les voies ferrées et les autoroutes, le quadrillage plat des rues du centre et l'étalement des échangeurs en trèfle. Mais quand vous avez atterri, elles deviennent fuyantes, presque dangereuses, car chaque virage vous mène au souvenir d'une autre ville, d'un autre aérodrome, d'une autre place, d'un autre parc. C'est un assemblage saisissant, tour à tour magnifique et grotesque, de surfaces brillantes, de matériaux épuisés et de déchets extravagants, de choses vues et imaginées et réalisées et contrariées par le temps et la vanité, et il est facile d'oublier dans quelle ville on est ou ce qui en fait une ville si ce n'est cette ressemblance avec toutes les autres villes. Et puis, en décollant à nouveau, il vous reste l'idée tracassante du monde comme un écheveau de fil, une toile enroulée sur elle-même de façon si imbriquée, si décorée, qu'on en oublierait presque qu'il n'y a rien au centre.

– Rien ? dit-il. Comment est-ce possible ? Il y a des gens dans les villes. Et avec les gens, toujours, un nuage électrique fourmillant de sens, d'idées, de stimuli et de sensations et de spectacles. Des possibilités sans fin d'expériences, d'échanges

et de trahisons. Des histoires plus importantes que les simples histoires locales. Et même du simple local on ne peut sûrement pas dire qu'il n'est rien.

– Effectivement, c'est dans les villes que ces choses convergent de la manière la plus immédiate, dit-elle, où nous pouvons aller pour étancher notre insatiable soif de la chose suivante, de la permutation suivante de vues et de sons et de situations, de la transition et de la transformation. Mais le fil qui les relie, la logique interne, l'histoire maîtresse de la ville, sont différents pour chaque âme qui s'y trouve, chaque personne, chaque bête, chaque arbre. C'est ce que je veux dire de son absence de centre : nous réagissons à la façon dont la ville répond aux questions qui sont les nôtres, seulement les nôtres, irréductiblement les nôtres. C'est pourquoi on peut la reconnaître mais pas la définir.

– Mais c'est mon métier de connaître les questions ainsi que les définitions, de lire le fourmillement des significations et de le diffuser en retour à ceux qui ne peuvent pas le voir parce qu'ils vivent en son sein. Pour les aider à s'orienter dans leur réalité depuis un ailleurs plus élevé. Alors qu'y a-t-il au-delà de la ville ? Qu'y a-t-il au-dessus ?

– Je me demande, dit-elle, s'il n'est pas important de demander et imprudent de savoir. Peut-être la ville est-elle le stimulus le plus riche qu'une civilisation humaine puisse expérimenter sans se désagréger. Peut-être est-ce un équilibre ténu de notre convoitise pour toutes ces choses, pour l'échange et la chance et la cruauté et l'amour, et la saturation elle-même, qui nous maintient sur terre. Elle fit une pause. Et peut-être ne sommes-nous pas censés pouvoir voyager si rapidement d'une ville à la

suivante, vivre dans plus d'une entre deux couchers de soleil. Le monde est un objet fini, William, une chose qui peut être encerclée, embrassée. Mais ses villes ne connaissent que les départs, pas les retours. Celle que vous quittez aura cessé d'exister quand vous atterrirez.

IV

Quand Earhart disparut, Hearst commença par rejeter la nouvelle comme une fausse alerte, une hallucination, une invention, un fiévreux rêve paranoïaque déformant les lettres imprimées devant ses yeux. Ses journaux publièrent l'histoire, bien sûr, en firent un sujet, une affaire : le lointain Pacifique désolé, les signaux de fumée, la ligne de changement de date. En secret, avec optimisme, il se méfiait. D'elle, activement, dans le présent, celui du temps qui passe et celui des verbes. Peut-être avait-elle été capturée par les rebelles japonais. Peut-être, s'autorisait-il à penser, était-elle de mèche avec les Soviétiques. Peut-être était-elle un agent secret, une étrangère, ou peut-être que ce copilote qu'elle avait l'était. Peut-être n'avait-elle jamais vraiment existé ! Sa véritable identité, peut-être, était une chimère, une mue de serpent, vide, d'ambition et de publicité et de spectacle. Certains de ses journaux et de ses radios maintinrent ces récits plus longtemps que tous les autres, d'abord avec constance, ponctuellement ensuite, presque par nostalgie, jusqu'à ce qu'elle soit finalement déclarée morte, in absentia, toujours sans avoir appelé.

Quand même, une partie de lui s'attendait à ce qu'elle réapparaisse, qu'elle révèle le moment venu qu'elle ne s'était tue que temporairement, stratégiquement, un silence aussi éloquent que tous ses silences précédents. Peut-être, se disait-il en broyant du noir, qu'elle n'avait tout simplement jamais atterri.

Il attendit donc ce souffle, ce grincement sur la ligne, l'électricité de l'histoire, et plus longtemps il ne l'entendait pas, moins il était certain qu'ils s'étaient connus, qu'ils s'étaient parlé, qu'ils avaient jamais partagé le bruit du vent derrière les mots qu'elle disait de villes dont il n'était pas sûr qu'elles existaient vraiment, les siennes et les autres qui leur ressemblaient mais avec des variations infinitésimales, les capitales et les expériences et les contre-exemples, les terrasses et les taudis, pouvait-on vraiment connaître une ville, quelqu'un avait-il jamais dit quelque chose de vrai sur un autre endroit, sur celui-ci, mon empire, le monde, n'est-il qu'un produit de mon imagination, de mon avidité, de ma fièvre ?

Les villes et l'eau, 5

Celle qui arrive à Bendyusia est d'emblée frappée par l'aspect lugubre de ses bâtiments : des salissures aux teintes ténébreuses sans nuances habillent ses murs et ses surfaces. Pas de blanc ici et plus aucune transparence.

En avançant vers la ville, la visiteuse percevra les effluves qui s'en dégagent. Bendyusia ne laisse jamais les narines tranquilles. Les parfums épais virent fréquemment aux remugles pesants et fétides dans lesquels percent peu à peu des senteurs culinaires et épicées qui excitent curieusement le palais.

Bendyusia est sépulcrale, parfumée et sapide. Car Bendyusia est sèche, elle manque d'eau. Il n'y pleut plus, depuis belle lurette. Prédire le temps à venir est une galéjade, demain sera chaud et sec, invariablement. Nul ne sait plus le circuit du lit de la rivière qui traversait la ville ni l'emplacement des deux viaducs qui l'enjambaient. Les chéneaux furent désassemblés et les caniveaux nivelés en des temps effacés. L'unique château d'eau de la ville est alimenté par le reste d'une nappe phréatique au sud du pays.

L'usage de l'eau ici est évidemment strictement réglementé et limité. Chacun ne peut prétendre qu'à quatre-vingt litres par semaine, pas plus, afin de suppléer à l'entièreté de ses besoins : breuvage, cuisine, hygiène, agriculture, etc. Les habitants tentent d'y suppléer à leur mesure aussi : les plus pauvres piègent la maigre brume matinale dans des filets de plastique, les plus riches acheminent à grands frais et à leurs risques et périls des citernes pleines des pays plus humides. Divers trafiquants interceptent régulièrement ces véhicules et revendent l'eau précieuse en petites quantités à des prix excessifs et sans aucune mesure d'hygiène.

Le samedi, la visiteuse remarquera un surprenant rituel. Chaque semaine les citadins se réunissent dans l'après-midi sur la Grand-Place du Bassin et échangent entre eux des ustensiles des temps anciens : baquets, aquariums, fusils à eau, slips de bain, bikinis, palmes, tubas, gilets de sauvetage, rames, cannes à pêche, parapluies, cirés. La fête se finit avant la nuit par la mise en service pendant une demi-minute du ridicule jet d'eau central qui prêterait à pleurer si les larmes n'étaient à Bendyusia strictement interdites.

Les villes hostiles, 4

Les plus grands esprits scientifiques et urbanistes se disputent, parfois avec violence, au sujet de Jutta et en quoi précisément elle peut être qualifiée de ville. Les sceptiques et les arpenteurs-géomètres disent qu'elle n'est à ce stade de son histoire qu'un vaste assemblage de dunes de sable, changeant constamment de forme et continuellement cabossées par un vent qui s'en empare tout au long de la journée, émettant un rugissement bas au moment du coucher du soleil avant de s'estomper.

Les savants et les coquins émettent l'hypothèse qu'elle n'est plus une ville mais peut en redevenir une, compte tenu de la circularité de toute tentative d'urbanisation vue sur un calendrier suffisamment long ; il se peut que les gens reviennent, que les sols soient dessalés et reboisés, car le sable a déjà été témoin de l'effondrement de grands empires du passé, la ville et le territoire étant en voie de développement, puis se développant, puis développés, puis défaits. Il en sera ainsi pour Jutta, prétendent-ils, si l'on accepte de garder ce nom pour désigner cette tache sur la terre par simple facilité terminologique, jusqu'à ce qu'il n'existe plus de civilisation qui ait besoin d'être nommée.

Les philosophes et les fatalistes soutiennent qu'elle est plus une étude de cas, une leçon, un avertissement aux dimensions d'une ville sur les périls de l'arrogance, des arbres déracinés par industrie, des sols surplantés par avarice, une arrogance qui fait bâtir une ville sur le flanc d'un désert patiemment ravageur : qu'elle est plus cela qu'une ville proprement définie.

Un dernier groupe insiste que, tant qu'elle garde les contours d'une ville, Jutta en reste une, que la forme des villes change tout le temps de toute façon, et plus vite que le souvenir ne lâche l'ancienne. Ce sont majoritairement des détenteurs de divers logiciels et traditions narratives permettant de simuler son évolution invisible à elle autour des arbres morts, sous des épaves décapées d'église et de bibliothèque, autant dire les optimistes.

Mais en tous les cas ces scientifiques, eux, habitent des métropoles lointaines, bourdonnantes et carrées, dotées d'universités de recherche, de tramways et d'holofontaines. Beaucoup de gens s'intéressent à Jutta mais personne n'y vit.

Les villes et le travail, 3

Des millénaires durant, les habitants de Prisma creusèrent le roc de leur montagne à la recherche du métal. Cela commença par des métaux rares, mais dont le travail était simple : l'or, le cuivre et l'argent, avant qu'advienne l'âge du plomb et de l'étain. Pas un homme, pas une femme, un enfant ou un vieillard qui ne piochât, ne binât, ne tamisât, et la famille royale prismite elle-même n'était pas en reste. Chaque nouvelle quête voyait la mine-cité s'enfoncer, tandis que s'élargissait tout autour un cratère immense, et si profond que les hautes coupoles de ses palais finirent par disparaître à la vue.

Hélas, à chaque mousson de printemps, un déluge d'eau dévalait les pentes, ravinait les terres et charriait une boue noire et grasse. Prisma se transformait alors en un marécage fangeux et insalubre, et l'extraction devait s'interrompre de longs mois. En l'an 243 de l'Ispaha, le Sénat de la riche Prisma vota l'initiative audacieuse de bâtir une immense voûte de pierres, épaisse de trente pieds, et le matin même du jour où débutait la saison sèche, les Prismites s'attachèrent à réaliser cet ouvrage gigantesque. Il leur suffit de trois mois pour couvrir entièrement leur ville, dans le plus grand secret ; deux semaines encore et l'étanchéité du dôme fut achevée. À la première pluie, comme prévu, le cratère devint un étang, qui se mua aussitôt en un lac dont les eaux montèrent peu à peu, et nul ne démentit le bruit que Prisma avait été engloutie, au point que son nom devint celui du lac. Cependant, la cité, sous les eaux tranquilles, poursuivait son incessante activité. Très loin des berges, on avait dissimulé dans la roche l'entrée d'étroits escaliers qui descendaient jusqu'aux portes de la ville souterraine, sans cesse plus profonde.

Ainsi, siècle après siècle, Prisma s'enfonça. L'air, malgré les tunnels d'aération, les souffleries géantes et les filtres à membranes, y était de plus en plus brûlant, de plus en plus irrespirable, de plus en plus cendreux. En dépit de tout cela, les habitants continuèrent à perfectionner leur expertise minière unique et leur art raffiné de la métallurgie. Ils surent travailler le fer puis le mercure, et, bien avant notre Moyen-Âge, ils connurent l'antimoine et le zinc.

Mais vint un temps où pour rejoindre la surface il fallut une heure, un temps encore où il fallut un jour. Et presqu'une semaine d'ascension quand les Prismites surent fondre le cobalt et le manganèse. Alors, résignés, les Prismites cessèrent de piocher, et ils abandonnèrent leur cité invivable. Ils devinrent pêcheurs sur le lac paisible et désormais immense, qui recouvrait le cratère que leurs ancêtres, une génération après l'autre, avaient creusé de leurs mains. Il se perdit jusqu'au secret de l'emplacement caché du moindre escalier, et c'est en vain qu'on tente de leur arracher la moindre révélation.

Les Prismites ne le sauront jamais, mais un coup de pic de plus leur aurait fait découvrir du pétrole, pour leur plus grand malheur.

Les villes connectées, 2

On n'habite pas à Rarahu comme dans une ville ordinaire. La raison en est que les habitations y sont en moyenne deux à trois fois plus vastes que naguère ou que partout ailleurs. Cette extension individuelle du patrimoine foncier a été rendue nécessaire — suite à la généralisation des petit, moyen et grand banditismes économique et sexuel — par la multiplication spectaculaire du temps passé chez soi, la vie professionnelle s'y concentrant toute, la vie culturelle de même, la vie sociale pas moins. Tout Rarahuien comme toute Rarahuienne assiste aux baptêmes, mariages, obsèques, repas d'amis, banquets, brunchs, lunchs, slunchs, parties d'échecs ou randonnées pédestres par télé-présence.

Ville pilote en conséquence, ce qui a généré l'afflux de moyens financiers considérables, Rarahu s'enorgueillit des hardiesses anthropologiques qui lui ont permis de rebondir sur « le trampoline de la modernité », selon l'heureuse formule de son député-maire élu en ligne. Les vieilles infrastructures collectives de la cité qui avaient été envahies par les rats, les chats et les gangsters, avant leur destruction massive qu'un référendum (72 % de oui) avait autorisée, sont désormais visitables en panoravision. Les sites les plus visités sont les locaux de l'assurance maladie, le centre des impôts, le marché couvert et la salle des mariages de l'hôtel de ville avec son plafond peint par d'illustres irréalistes. On s'y rend sur des « écrans goûteux » nouvelle génération, grâce auxquels on est accueilli avec une convivialité de qualité supérieure, après que chaque visiteur a exprimé ses préférences en matière de gestes chaleureux, rafraîchissements, viennoiseries ou buffet campagnard.

La ville de Rarahu ne connaissant plus la *passeggiata* traditionnelle et bien que la santé de ses habitants n'ait jamais paru s'en ressentir, les édiles aidés des entreprises d'externalisation performantes ont dû déclarer la désaffection du parc, tant routier que piétonnier, dans sa totalité, ce qui ne peut qu'être au service d'une amélioration considérable des frais d'entretien urbain comme du taux de participation à l'effet de serre.

Les villes sanctuaires, 1

Comme les habitants de Fama, ancien centre industriel et commercial, sont souriants et chaleureux, on peut s'étonner de leur taciturnité. C'est que, en ayant eu assez des effets néfastes des bruits industriels et commerciaux, des vrombissements ferroviaires et des chœurs de klaxons automobiles, de la clameur des chantiers et du piaillement des publicités, leurs aïeuls ont décidé de chasser la pollution sonore en aménageant dans la ville des aires où le bruit excessif serait interdit. Il s'agissait dans un premier temps d'y imposer des plafonds décibeliens, ce qui obligeait à dévier les artères routières avoisinantes et à restreindre les concerts en plein air et les manifestations partisanes. Ensuite les conversations téléphoniques ont été fortement découragées, puis les conversations tout court, puis les rituels collectifs, les sports d'équipe, les tondeuses, les bébés coliqueux et les chiens sans muselière. Chaque fois que les Famiens se sont habitués au volume ambiant de base, ils ont découvert de nouvelles nuisances : une fois la voiture à combustion exilée, c'est la voiture électrique qui finit par devenir insupportable ; après la voiture électrique, la trottinette électrique, la valise à roulettes et la toupie nucléaire. Avec chaque resserrement, de nouveaux lieux publics ont été déclarés zones d'abri du bruit urbain, au point que l'écrasante majorité des espaces non résidentiels de Fama sont aujourd'hui silencieux.

Cela a tout ralenti. En diminuant la largeur des routes et des trottoirs, en déplaçant les transports en commun, en revêtant les murs des écoles et des hôpitaux de surfaces isolantes, les Famiens ne se sont point servis de l'appareillage approprié, ce qui a fait de ces projets un travail lent, inefficace et solitaire. Le commerce s'est tari, les négociants de proximité passant à contrecœur à de nouvelles routes. Le tourisme joyeux et libertin d'antan s'est vu remplacé par un mince filet de pèlerins cherchant de la quiétude eux aussi, qui étaient — qui le sont toujours — obligés de faire le dernier kilomètre du trajet dans un tunnel insonorisé, suivi d'un contrôle les sommant de laisser en gage toute affaire potentiellement tapageuse.

Les Famiens, eux, ne rouspètent pas devant cette vie civique élémentaire et muette, dominée par le signe écrit et le geste éloquent. Ils peuvent en tout cas rentrer chez eux pour se parler, se disputer, téléphoner ou faire imprudemment l'amour ou mettre des disques en chantant à tue-tête. Ils peuvent aussi, au besoin, louer des chambres spéciales prévues à ces usages. Ne le faire ni sous le soleil ni à la belle étoile ne paraît pas les contrarier.

On appelle parfois Fama la ville silencieuse, mais à tort. Car la première chose qui frappe celui qui s'efforce d'errer délicatement dans ses belles rues, ses parcs somptueux, c'est le chant des oiseaux, le papotage des grillons et des grenouilles, le crépitement des feuilles agitées, les soupirs du vent et le ballet de la pluie. Qui s'attendait à l'ambiance d'une bibliothèque, d'une église, trouve à sa place un bazar hérissé des bruits que les Famiens n'ont pas pu, ou n'ont pas voulu, bannir. On raconte que l'habitant moyen de cette ville comprend couramment, avant l'âge de quinze ans, la langue de cinq espèces animales endémiques de la région, mais trouve un certain bonheur à n'y jamais répondre.

Quand Earhart disparut, Hearst fut déçu, naturellement, et même mélancolique. Il fit venir par avion des boules à neige des lieux, ou en tout cas les représentant, d'où il se souvenait le plus nettement de ses appels. Mais il avait décidé, quelque part juste en dehors de son attention, qu'il n'avait pas vraiment besoin d'elle, qu'il pouvait poursuivre le travail qu'ils avaient commencé ensemble, leurs explorations, depuis son bureau, depuis son château, tout seul. Finalement, ce n'était rien d'autre qu'un jeu de permutations et d'ajustements progressifs, de simulations, et il avait, dans les souvenirs de ses dépêches, assez de matière, assez d'instantanés de lieux et de situations, pour confirmer, comme par sa voix à elle, la ville, l'hypothèse, qu'il avançait. Avec de la logique et des probabilités dans ses méthodes, raisonnait-il, on peut comprendre un lieu, un peuple, avec une marge d'erreur acceptable. Ses contradictions, ses hasards heureux. Et on peut — et il pourrait, à son tour — raconter des histoires à ce sujet, et il aurait raison assez souvent pour que les gens lui fassent confiance. Il pourrait les rendre suffisamment vraies. Il restait parfois debout des heures, les mains planant au-dessus des boules à neige.

La ville où je suis en ce moment, l'entendait-il dire, de sa voix faible et rauque, est la ville insensible à tout cela, trop probable pour être réelle, trop logique pour résister au premier pas humain, trop diverse et mobile pour être modélisée ou expliquée. J'aimerais que vous la voyiez. Peut-être le pourrez-vous bientôt.

V

Depuis la haute balustrade de son château, Hearst observe le monde se tordre et s'incliner et rétrécir et s'aplatir, il recule pour contempler ce qu'il a non seulement suivi et transmis mais aussi construit, brique à brique et métaphore à métaphore, à sa ressemblance. Les rapports ne sont pas encourageants. Forêts à moitié rasées, fils électriques enchevêtrés, agglomérations maussades sujettes à des explosions de fureur, suicides depuis des gratte-ciels, rivières asséchées, rouille. Des choses à l'ancienneté inestimable anéanties par les gestes dérisoires d'hommes en casques d'aluminium montés sur des machines hideuses. Une civilisation écrasée par son propre poids. Il est debout devant ses boules à neige et les regarde tourbillonner et ne se souvient pas toujours que c'est lui qui les a retournées.
À mesure que le monde matériel décline, son instinct, juste en dehors de son attention, est de plisser les yeux vers le monde matériel lui-même, la nature, la planète, de la condamner comme rebelle, mensongère, assez tortueuse ou lâche pour renier son accord de confiance avec la cause du progrès. Un amant bafoué, d'une puissance et d'une patience inimaginables. Mais il y a un autre monde qu'il sent vaciller autour de lui, faible mais cohérent, éphémère, bien qu'aucun de ses stratèges ou de ses chefs de bureau ne lui dise à quel point, et dans ce monde le déclin, le poids écrasant, n'est pas réel. Il est vaste, ce monde qui n'est que tubes et tunnels et fils, mais qui parvient en quelque sorte à les occulter, à les faire disparaître dans d'invisibles impulsions d'énergie. Hearst contemple ce monde qui se dématérialise et il

rêve d'autres lendemains, d'autres systèmes, de mains patientes, de vagues douces, d'un milieu fluide.

– Je vais vous raconter ce dont j'ai rêvé la nuit dernière, dit-il à Amelia, comme dans une prière. Je suis resté sous une voûte de feuillage pendant des heures, pendant des jours, écoutant le silence sous les branches, bercé par le murmure d'un battement de cœur, avant que je ne réalise qu'il y avait une ville entière au-dessus de moi, dont la base était un réseau à peine visible de ponts de corde, les constructions et les habitations s'élevant haut, haut, hors de vue vers le ciel.

Et Earhart dit : La ville de votre rêve est Iovasco. Ses habitants, de plus en plus méfiants envers la terre et des fantômes qui la recouvrent, ont renoncé en masse à leur ancrage terrestre, tout d'un coup, et ont disparu dans les arbres en un mois. Il se trouve qu'ils l'ont fait très facilement. On dit presque universellement qu'en cela ils ont été sages, car — bien qu'ils aient laissé derrière eux si peu de traces que certains nient qu'Iovasco ait jamais reposé sur le sol — aucune ville n'est venue prendre sa place.

– Dans mon rêve, dit Hearst, la ville s'appelait Malbork.

Les villes hostiles, 5

Mimosa est presque littéralement en noir et blanc. Les couleurs vives ne sont pas interdites mais leur usage est implicitement découragé à l'image d'une culture de répression qui considère de telles expositions personnelles déplacées, comme du pavanement. Bien d'autres nuances ont disparu d'ici, y compris dans les registres dans lesquels les habitants s'instruisent et s'informent sur le monde. Les journaux, les magazines, les informations télévisées, et les réseaux sociaux sont peu nombreux et presque systématiquement polarisés. L'opinion, chez le Mimosite, est simple et du coup extrêmement ferme.

Il va de soi que c'est une ville vouée aux troubles et au tollé. L'absence de souplesse dans le ressenti politique ne fait qu'alimenter la saison perpétuelle des manifestations, qui prennent naissance dans l'esplanade devant le bureau de poste principal et débordent dans les autres lieux ouverts, sous la veille des policiers antiémeutes toujours vêtus de blanc. On proteste contre tout : contre une hausse du taux des impôts, l'abaissement de l'âge de conscription, les délits d'une petite minorité qui a osé arborer le ruban fluo symbolisant telle ou telle solidarité; contre la faible qualité, ou l'absence de passion, de la manifestation précédente. Chaque cause commune qui s'y présente connaît sa faction égale et opposée du public, sans pour autant que les factions se recoupent de manière consistante ou prévisible. Il arrive même que la police prenne parti, et cela rarement en bloc.

Ce ballet fait tellement partie de la vie de Mimosa que l'équipement de marche — drapeaux et bannières, bruiteurs et crécelles, pancartes en ardoise noire avec bâtons de craie blanche et leurs inverses — n'est plus rangé pendant les entractes essoufflés qui séparent une manifestation de la suivante. Les agités prennent simplement leur place, ramassent par terre les drapeaux qui vont éphémèrement symboliser leur cause, et attendent un moment déclencheur, comme un sifflet d'arbitre, pour esquisser leurs mouvements de lutte et leurs gestes de résistance, scander leurs slogans de rassemblement dans l'espoir factice qu'il en émane une nouvelle permutation qui dure.

Vus de haut, la ville et son plan quadrillé ressemblent à un énorme damier, et la commotion civile à une partie d'échecs élargie à la taille d'une mégapole, accélérée par on ne sait quelle démence. En remontant plus haut encore, tout cela finit par se résoudre à un gris moucheté superbe.

Les villes et le travail, 4

Les anciens construisirent Makémaké avec hygiénisme, paternalisme et géométrisme, comme un carré de 720 m de côté précisément, formé de cent quarante-quatre parcelles carrées, chacune comportant en son centre un bâtiment carré formé de quatre logements mitoyens et carrés. La ville nouvelle s'appela d'abord Les-Cinq-Cent-Soixante-Seize, avant de prendre les noms de Maké-2, puis Makémaké.

Vous survolez le damier, vous examinez le rouge pâli des toits et le gris-vert moucheté des jardins, à proximité de Maké, de l'autre côté du gigantesque palais de métal opaque de l'entreprise ***. Plus tard, vous marchez dans la fange des rues mal pavées, le long des grillages, évitant les jeunes hommes qui vous abordent pour vous vendre telle ou telle chose. Vous identifiez le vert des mauvaises herbes, le gris des tas d'immondices et les taches colorées des tentes de camping. Une ouvrière lasse qui rentre du travail vous ouvre son logement, ils sont tous identiques, dit-elle en posant son manteau, une cuisine, deux chambres, un grenier et une cave, mais on dort partout, sauf dans la buanderie, qui sert de salle de bains collective, nous sommes en général douze, parfois plus.

Comme autrefois, ce sont les employés de l'usine, qu'on appelle aujourd'hui entreprise, qui habitent Makémaké. Le contrat de location est toujours un avenant au contrat de travail, sauf pour ceux qui n'en ont pas, les sans-papiers, qui sont hébergés, avec retenue de salaire, dans les caves et les tentes. Au centre du damier, ce qui fut le temple sert de logement collectif aux vendeurs des rues, eux aussi employés par ***, qui contrôlent ainsi l'école proche.

Vous êtes frappée par le mouvement incessant dans les rues des habitants qui quittent les logements, leurs possessions dans un sac à dos ou quelques poches de plastique, ou qui y arrivent, avec une minuscule valise ou un cabas. Ils passent de la rue des Amaryllis à celle de la Bruyère, de celle des Capucines à celle de la Giroflée. Ces flux sont à peine saccadés par les arrêts aux coins des rues pour acheter d'indispensables pilules. Tous les habitants-employés sont bourrés de chimie, dont ils ne sauraient se passer. Les contrats de travail sont de très courte durée, ainsi les employés se retrouvent-ils sans logement, en général quelques heures, le temps de signer de nouveaux contrats et de poser leurs têtes alourdies sur d'autres matelas à peine refroidis.

Les villes connectées, 3

Il n'y a pas de ville plus intelligente que Janequeo. Le secret, m'a-t-on dit, réside dans la lucidité de ceux qui y vivent. Il n'y a pas si longtemps, pourtant, Janequeo a traversé sa « période noire » : une intelligence artificielle régnait d'une main de fer sur la ville en se présentant comme un système sans faille qui tranchait sur des décisions fondamentales et, selon une série de critères bien contestables, évaluait les conjonctures et tirait des conclusions qui devaient être acceptées comme des vérités sans appel. Derrière cela se cachait, glacial et atroce, un Ministère de la Statistique et du Renseignement, qui organisait de temps à autre des parodies de consultations populaires afin de donner l'impression que les citoyens avaient une voix mais dont l'ultime mission était de perpétuer des politiques déjà adoptées.

Les quelque quatre millions d'habitants de cette mégapole ont vécu cette période, qui a duré vingt-quatre ans, comme une sorte de cauchemar, jusqu'à ce que certains aient osé réagir contre ce qu'aujourd'hui on appelle technodictature. Au centre de Janequeo, notamment dans le vieux quartier de la ville, il y a des traces des combats : cadavres de robots de cuisine et de poubelles bavardes, fontaines encombrées par des liasses de câbles arrachés, écrans muraux percés par des trous de balles que personne ne veut effacer car elles rendent hommage à la résistance.

Les anciens opposants, que le technogouvernement traitait de luddites, ont conçu, une fois au pouvoir, un autre système, également basé sur l'intelligence artificielle mais dans lequel la société, et non pas une caste invisible, est aux commandes. Depuis lors, le système technopluraliste n'indique pas de « bon chemin » comme dans les discours religieux, ni n'installe des logiques binaires au nom supposé de la science, mais propose de multiples voies que les hommes et les femmes analysent et discutent entre eux.

Son succès repose sur deux points : premièrement, il n'y a plus un seul système, une super-intelligence unique et despotique, mais plutôt une série de systèmes en chaîne ; deuxièmement, les systèmes sont conçus pour la coprésence humaine, dans laquelle une personne (ou un petit groupe) se voit attribuer la responsabilité partagée de toute décision, ce qui produit des alliances numériques. Ni l'humain n'est exempt de l'IA, ni l'IA n'est exempte de l'humain. Ainsi on se retrouve souvent face à des échanges passionnants entre deux ou plusieurs binômes et la ville de Janequeo est heureuse quand ils n'arrivent pas aux mêmes conclusions.

Loin de cette période noire où tout était absolu, à Janequeo on professe qu'il n'y a pas de vérités définitives — qu'elles proviennent ou non d'une intelligence « supérieure » — à tel point que personne n'ose formuler cette croyance comme s'il s'agissait d'une vérité.

Les villes sanctuaires, 2

Granule, une ville de la taille d'une mégapole mais avec une concentration d'habitants très réduite, a été bâtie sur quelques milliers de trous creusés dans le terrain d'une région dont les températures sont plutôt basses. Les maisons au-dessus sont bien espacées, car les salles de stockage souterraines qu'elles cachent sont beaucoup plus larges qu'elles-mêmes. Celles-ci, qui sont soigneusement thermorégulées, comme pour du bon vin, accueillent quelques graines de toute espèce végétale menacée de disparition au moment où la ville a été conçue et construite. À cette époque Granule était censée faire d'une pierre deux coups : sauver cet héritage mondial tout en logeant gratuitement des sans-abris, qui sont payés une misère pour résider dans ces logements à la condition de signer un contrat les obligeant à y rester jusqu'à la mort.

Une arme à feu est fournie dans ces maisons pour protéger les graines contre toute tentative de détournement ou de vol. Sinon il n'y a rien à faire, le dispositif qui les abrite et les protège étant programmé pour fonctionner tout seul et, de plus, carrément hostile à toute incursion, aussi bienveillante soit-elle. À l'heure du repos, les écrans dans chaque pièce en surface passent un diaporama d'images légèrement floues des plantes stockées dans leur milieu naturel d'auparavant, accompagné de musique classique à un volume tout à fait raisonnable.

Comme il eût été inhumain d'obliger les résidents à faire leurs courses à pied pendant l'hiver, ou même l'été dans cette région inhospitalière, Granule est dotée d'un tramway électrique qui passe devant chacune des maisons et couvre la totalité du réseau de rues, celles-ci disposées dans une grande grille et baptisées elles aussi d'après le genre de graines qu'elles abritent : le Boulevard des Ligneuses, l'Avenue des Apostasioideae.

Les trams sont chauffés et confortables, et sont aujourd'hui des lieux de socialisation plutôt que des moyens de transport strictement dits. On monte avec un pack de bière et on fait le tour du réseau en bavardant avec les autres usagers, en pontifiant sur les affaires du jour. C'est là où la vie de la ville se discute et se décide, et de plus en plus se vit. La plupart des habitants de Granule passent plus de temps dans les trams que dans leurs maisons, qui ne servent quasiment plus à rien.

Les villes malades, 1

On ne sait rien de Lomia. La ville a coupé tout contact avec le monde qui l'entoure. Personne n'y rentre et rien n'en sort. On n'y trouve ni gare, ni port. Aucun chemin n'y mène. On ne sait pas ce qui a poussé ses habitants à vivre ainsi isolés. On prétend que c'est par crainte des contagions. Si c'est bien la grande pandémie du pergélisol qui a contraint ses habitants à demeurer chacun dans une vaste bulle étanche et opaque, elle n'aura été que l'ultime étape d'un lent processus de retranchement à mesure des épidémies. La vie collective se serait débâtie, peu à peu, au fil des peurs et des réserves prudentes.

On ne sait pas comment ils s'organisent pour attribuer à chacun dès la naissance la juste quantité de lipides, de protides, de glucides, de vitamines, d'eau et d'air pur qui lui sera nécessaire toute sa vie durant. On ne sait pas vraiment l'effet que provoque en eux cette vie recluse. Aucune communication n'est possible avec eux, par peur des virus informatiques et télématiques. Nul ne sait comment ils communiquent entre eux. Ni même s'ils communiquent encore entre eux.

Comment se structurent leurs pensées intimes ? Ont-ils développé une vaste vie intérieure, tout un monde de fétiches et d'amulettes empli de lémures et d'ectoplasmes ? On ignore tout de leurs productions, de leurs musiques, leurs poèmes, leurs dessins. On ne sait rien de leurs rêves, leurs vices, leurs vertus, leurs joies et leurs deuils. Contre qui dirigent-ils leurs colères ? Quelle semblance assouvit leur désir de tendresse ? Qui reçoit leur amour ?

Nul n'a pu savoir par quel système subtil et aseptisé ils parviennent à se reproduire. Ni même si ce système perdure encore. Y a-t-il encore des naissances à Lomia ? Qui y vit encore et pourquoi ? Personne ne le sait. Mais les rumeurs, les chuchotements, courent les rues des villes voisines encore aujourd'hui.

William Randolph Hearst décrit le fait divers idéal, sa longueur, sa forme, sa texture et son ton d'urgence. Il est réactif mais distant, alarmant mais rassurant, indigné mais pas surpris : impassible, comme s'il avait été écrit avant que son contenu ne se produise, avant qu'il ne soit un grain de potentiel dans l'orbite de ses protagonistes et de ses méchants. Il prolonge les événements autant qu'il les fixe. Il n'est pas assez certain, assez inévitable, pour appartenir à l'histoire. Hearst continue, par intermittence, assez longuement.
– Qu'y a-t-il au-delà de l'histoire ? demande Amelia Earhart.
– Qu'y a-t-il au-dessus ?
– Les gens pensent qu'ils veulent savoir, répond William, mais ne veulent pas. Nous ne sommes censés ni voir l'ensemble ni contempler notre place là-dedans. Nous sommes censés nous croire uniques, autonomes, les protagonistes des épisodes qui font tourner le monde narratif, et non de simples gouttes dans un océan qui roule ténébreusement.
Amelia Earhart, silencieuse, réfléchit. Puis elle ajoute :
– Et vous, que croyez-vous ?
Hearst répond : L'univers est un océan de gouttes. Certains d'entre nous le voient d'assez loin pour y discerner une histoire plus globale, mais de toute façon il se dissipe si vite, se transforme si inévitablement en fumée entre nos doigts, que même ceux d'entre nous qui le voient ne peuvent en parler que par fragments, asymptotiquement, aussi désespérément que le rêveur raconte son rêve.

VI

Hearst a remarqué il y a peu qu'Earhart est une personne aux gestes expansifs, bien que s'il s'agit d'une affectation pour son compte à lui ou de sa disposition naturelle, il ne peut le dire. Aujourd'hui, ils sont dans un jardin. Alors qu'ils tracent sur le sol des hachures régulières et entrecroisées, Hearst à un demi-pas derrière, elle souligne ses commentaires par des haussements de sourcils et des regards furtifs, ses mains fines dessinant dans l'air des courbes irrégulières. Elle lui parle de sa ville natale, Atchison, dans le Kansas : ses ponts, ses porches, ses voies ferrées arachnéennes, sa houille et son coke, sa rivière limoneuse, ses racines, ses humeurs, ses colères. Des nuages roses étrangers bourdonnent au-dessus d'eux.
– Vous en parlez d'une manière que je n'avais jamais entendue auparavant, dit-il émerveillé, une manière dont je réalise maintenant qu'elle était absente des autres villes dont nous avons parlé. Un calme ou une misère, peut-être, une certaine nuance de brun.
Ils marchent un moment en silence parmi les fougères. Finalement, elle dit : Ce que vous décrivez, c'est la gravité quand elle est trop forte, et la façon dont nous nous laissons attirer et coincer dans les endroits qui nous réclament. J'ai appris à m'en méfier, à y résister quand je m'en aperçois ou m'en souviens. Elle a été présente dans toutes les villes que j'ai visitées, parce qu'elle vit dans toutes les villes, toujours, implicitement, mais c'est peut-être la première chose qui se perd quand on parle de la ville. C'est peut-être la chose qui sait se cacher des mots.

À cet instant, au-dessus des pivoines, une cloche sonne doucement, puis encore, puis une troisième fois, plus clairement maintenant, jusqu'à ce qu'elle se résolve en un téléphone en bakélite sur une table de nuit laquée dans une suite d'hôtel lointaine. C'est presque l'aube et Hearst ne dort toujours pas.

Les villes et le travail, 5

Il fut décidé il y a longtemps que la ville d'Alekto ignorerait le chômage. Le chantier fut gigantesque mais il demanda plus d'imagination que de lourde besogne. On supprima le temps de travail dans un esprit de partage, on supprima les hiérarchies dans un esprit de convivialité, on élimina tous les travaux fractionnés pour confier à chacune et à chacun une tâche complète afin que le soir venu on puisse contempler le travail accompli. On décida que chacun gagnerait un salaire équivalent à celui de sa voisine. Mais on accorda un double salaire tout de même aux petits malins qui se firent attribuer les postes d'idiot du village et de badaud et de larron de service, en reconnaissance des frais de représentation qu'impliquaient leurs fonctions.

Aujourd'hui les édiles courent en tous sens, montrant là un mur à relever, une ruelle à curer, un véhicule à réparer, un gazon à faucher, un funambule à faire descendre de son fil, une petite fille perdue qui réclame sa maman, un livre à relier et à relire, une jonquille à arroser, un demi de bière fraîche à tirer. Chacun trouve sa place et met son énergie à sa mission. Lorsqu'un concitoyen se montre inapte aux travaux proposés on lui donne un poste à sa mesure : ainsi furent créés des postes de rêvasseur, d'auditeur de grenouille, d'enchanteur pourrissant, de tireur de nuage, de curé sans fidèle, de pâtre sans troupeau mais avec chien. Ils font merveille dans ces professions rares et désormais recherchées.

Les services compétents s'épuisent à montrer à chacune et chacun la façon la plus rationnelle de pratiquer son métier, la manière de plier un carton, de faire un lit d'auberge, de dessiner les plans d'une grue, de panser la patte cassée d'un canard. Des génies se révèlent dont on calme les ardeurs, des nigauds font des merveilles en croyant cuisiner. La ville gagne tout le temps en gaîté et en ardeur.

Chacune et chacun étant à son poste et au bel et bon travail, on souffle quelque peu. C'est pour cela que, depuis des années, les postes d'édile et membre de conseil et des services n'existent plus.

Les villes connectées, 4

Brixia, dite le terrier du lapin, fut fondée comme redoute par les pirates qui fréquentaient jadis les eaux de la région avant de se convertir en contrebandiers et pickpockets, brigands et filous, bandits ferroviaires et détourneurs aériens, et finalement à nouveau pirates, fléaux non plus des océans mais des tubes et des câbles sous-marins qui s'y trouvent et des paquets dorés de données qui y cheminent. Comme elle est située à la confluence de plusieurs routes commerciales mais assez élevée pour que ses habitants puissent facilement guetter toute force de l'ordre suffisamment hardies pour s'y aventurer, cette ville sert encore comme abri et lieu sûr pour ceux qui choisissent de vivre hors la loi.

Les vrais pirates s'étant tout de même raréfiés au fil des décennies, il s'agit désormais de leurs veuves et de leur progéniture, qui se sont modernisées comme il se doit mais qui n'ont pas pour autant abandonné le métier familial. Le respect qu'ils éprouvent pour leurs ancêtres est l'objet d'un musée creusé dans une falaise surplombant un des principaux axes de commerce maritime, une sorte de vitrine à trophées qui se remplit sans discontinuer de divers biens mal acquis, tantôt étincelants, tantôt d'une matité qui trahit leur valeur pratique. Tout comme les logements à Brixia, le musée n'est pas sécurisé, car dans l'absence totale de confiance ici règne un état paradoxalement détendu, où il n'est plus question de propriété privée, ou même publique. Un butin rapporté et posé devient partie du paysage et du patrimoine de la ville, dont le dicton fondateur était de ne voler que ce qui était déjà en transit. À Brixia, seul ce qui reste immobile est sacré.

Les villes sanctuaires, 3

Afin d'arriver à Akka, la voyageuse a suivi des talus, marché entre des arbres et des pierres, traversé des marécages, longé des rizières, embarqué sur des ferrys, suivant des femmes chargées d'enfants, portant parfois une petite et un sac sur son dos, ou tirant des enfants plus grands pour soulager une mère épuisée.

D'Akka elle savait les places où l'on se rencontre, les rues par lesquelles les enfants partent joyeusement à l'école, le claquement des rideaux qui s'envolent aux fenêtres, les enseignes et les marchandises derrière les vitrines, les librairies et les cinémas, les jets d'eau dans les jardins de lauriers-roses et de palmes, l'odeur des fleurs qui se mêle à celle des viandes grillées et des soupes chaudes sur les marchés.

Lorsqu'enfin, au-delà de cinq fleuves, elle approche des lumières tremblantes, c'est une autre Akka qui se découvre. Les habitations n'ont ni murs, ni plafond, ni plancher. L'eau n'arrive pas, claire et fraîche, par des robinets et des pommes de douche mais dans des bidons qu'il faut aller remplir au loin. Le bruit des gouttes tombant dans les cuvettes accompagne celui de la pluie sur les toits de plastique et de tôle. Les enfants se font des terrains d'aventure dans la décharge gigantesque qui est le chemin de l'école. Les femmes qui furent elles aussi des voyageuses cuisent le riz du soir dans des boîtes en fer sur les braises des réchauds. Chacune raconte sa propre histoire. Certaines ont fui à travers trois déserts et un océan. Les faubourgs dans lesquels d'autres vivaient ont été envahis par la mer. D'autres encore habitaient des quartiers qui ont été décimés par une épidémie. Toutes regardent au dehors. Beaucoup rêvent de voir à l'horizon l'océan, comme elles le voyaient en raccommodant les filets, assises sur le quai, avant, avant que le village d'au-delà des cinq fleuves ait été absorbé par les vagues boueuses.

Ici l'horizon de chaque case est formé d'autres cases presque exactement semblables. L'horizon d'Akka est Akka elle-même.

Les villes malades, 2

Les particularités qui vous frappent tout de suite dans cette ville si particulière sont la platitude presque totale de ses terres et la structure de la plupart de ses maisons. En général, ce sont des bungalows consistant seulement d'un rez-de-chaussée, cet unique étage étant un seul grand espace qui sert de salon et de chambres, quel que soit le nombre d'habitants ou leurs âges. Un couple peut y habiter avec ses enfants, et quelquefois ses parents, ou d'autres membres de la famille, ou même des amis en visite ou dans le besoin. Le même désir de ne pas gaspiller le moindre centimètre carré explique l'absence de murs séparant les pièces, et donc de portes. Il y a une douche cachée par un rideau amovible, et de même pour les wc. Il n'y a ni coin avec sa grande table pour manger ni coin cuisine : ce serait une perte de place. La seule porte est celle qui donne sur la rue, d'une largeur pouvant aller jusqu'à deux mètres. L'explication de toutes ces particularités est la même : la taille et plus exactement la circonférence moyenne des Huyiens. Il est à noter aussi que ces portes principales s'ouvrent toujours vers l'extérieur.

À Huya, il n'y a pas un seul supermarché, encore moins de petits commerces, de boulangeries, de boucheries ou de marchands de fruits et légumes, de primeurs ou de fromagers, victimes tous d'un cercle vicieux tournant à grande vitesse. Tous ont été remplacés il y a quelques générations, assez rapidement, par une variété grandissante de fast-food : des hamburgers, des pizzas, des fish and chips, des saucisses avec un choix conséquent de sauces diversement colorées et grasses, et ensuite des slurries bien épicés et des foodles cuites dans les bouillons de viande. Tout ça est à manger sur place, dans de grandes salles équipées de très larges fauteuils, ou à emporter chez soi, jusqu'aux canapés rangés en un demi-cercle autour d'un oracle géant à écran plat.

Il serait tentant de croire qu'on pourrait inverser la vapeur en ouvrant, par exemple, une supérette bio dans le centre-ville, mais ce serait peine perdue. Plus personne ici ne sait cuisiner, ne serait-ce qu'un œuf dur.

Les villes biologiques, 1

Puisqu'il n'est absolument pas question d'interdire la consommation d'animaux sauvages (sauf à voir — ou justement ne pas voir — se développer des trafics clandestins infiniment risqués sur le plan sanitaire), les autorités ont bâti de toutes pièces la ville de 'Oumuamua, peuplée d'amateurs de chauve-souris, de sangliers, de grues, de barracudas et autres tatous.

La ville regorge de restaurants et son organisation ne se limite pas à un plan d'occupation des sols (POS). Outre ce dernier, le plan d'occupation des airs (POA) et celui des eaux (POE) règlent l'implantation de restaurants sous licence publique qui permettent aux mangeurs d'oiseaux de les manger dans les arbres ou dans les airs (restaurants ULM ou montgolfière), aux mangeurs de chauve-souris de se retrouver la nuit sur des plateformes aménagées dans la partie haute de grottes, aux amateurs de sanglier de déjeuner les pieds dans les soues humides des sous-bois jusque-là inaccessibles, aux friands de poisson sauvage de manger sous l'eau grâce à un casque-restaurant individuel, aux mangeurs de coquillages de se glisser sur les plages ou les rochers en se lovant dans une sorte de conque adaptée à leur taille. Le plus récent des restaurants de ce type est conçu sur un trampoline au bord d'une mare pour les mangeurs de grenouilles.

Cette organisation, on ne la dit pas en tout point révolutionnaire, mais évolutionnaire. Elle est le fruit d'observations nombreuses que la communauté scientifique a corroborées de façon extrêmement précautionneuse. Les conclusions les plus récentes établissent que l'ingestion d'un animal sauvage dans son milieu naturel immunise instantanément le mangeur humain contre tout risque viral. Autre confirmation de cet état de fait, l'accident survenu à 'Oumuamua, il y a peu : un puma ayant mangé un vétérinaire grièvement atteint du 25-O-TS développa aussitôt les symptômes habituellement mortels, guérissant contre toute attente dans les vingt-quatre heures.

– Vous m'aviez menti, alors, finalement ! Du pied, Hearst triture un bouton de glaïeul. – Vos rapports sont calculés pour flatter ma vanité et me mettre à l'aise, pour me rassurer sur le monde au-delà de ma vue, pour masquer les effets délétères de la gravité et me convaincre de ce que, à votre avis, je veux ou dois entendre. Et ça a marché ! Il est trop tard maintenant pour distinguer ce qui dans vos villes a vibré en moi et ce qui peut être prouvé vrai ou faux, la frontière a été effacée il y a bien longtemps par les traces de mes pas imaginaires. Admettez-le, vous m'avez susurré des histoires pour que je puisse rêver pendant que mon empire décline.

Ces mots n'étaient peut-être qu'imaginés, tandis qu'ils marchaient tous les deux, Hearst toujours un demi-pas en arrière, s'enfonçaient et se faufilaient dans une rue grouillante du marché de Kolkata, sans regarder la fumée s'élever au-dessus des toits, leur souffle en s'élevant finissant par se mêler à elle, masquant les choses, les embrumant d'une fine poussière d'affirmations et de rumeurs qui persisteraient lourdement jusqu'à ce que la prochaine pluie vienne purifier l'air, révélant un autre aspect de la ville qu'elle avait obscurcie. Ou alors il s'est posé sur les morts, les statues et les monuments à leur mémoire, l'architecture fantôme des vies passées, les potentialités non réalisées, les cycles du samsara, le mouvement incessant et imperceptible étant inséparable, mathématiquement indissociable, de l'illusion de l'immobilité : c'est la berceuse qui nous endormirait tous les deux.

VII

HEARST : *Où sommes-nous maintenant ?*

EARHART : *C'est difficile à expliquer. Le mieux serait que vous écoutiez. Entendre le bruissement et le cliquetis des cigales et des termites, le mugissement de la foule entassée dans un stade, le bourdonnement des réverbères, le souffle humide du métro, les vélos qui dépassent en ronronnant les piétons qui trébuchent sur des journaux jetés à terre. C'est là que nous sommes, mais nous ne sommes pas moins une suite de lumières clignotantes, une charge compliquée cahotant derrière un attelage de chevaux. De quelque ville que nous partions, nous reviendrons ici.*

HEARST : *C'est vrai, je ne peux pas dire si je suis ici, parmi les chariots de nourriture, les rails de tram et les bonimenteurs de spectacles burlesques, ou un cerveau soigneusement disséqué dans un amphithéâtre de médecine. Peut-être cette rue n'existe-t-elle que dans un roman, un jingle, un argumentaire commercial, un mélodrame diffusé sur quelques-unes de mes chaînes. Peut-être est-ce un rêve que nous partageons, ou ne partageons pas.*

EARHART : *Oui, peut-être que je rêve de vous, ou vous de moi. Ou peut-être sommes-nous deux mendiants sous un pont, bourrés de chimie, deux courtiers conspirant sur un banc de parc, deux réfugiés entassés parmi des douzaines d'autres dans un bateau irrémédiablement rouillé, rêvant aux lendemains. Peut-être la rue au cœur de la ville est-elle l'endroit où nous ne parviendrons jamais, mais que nous passerons l'éternité à chercher.*

HEARST : *Ou vous n'êtes qu'une simulation sophistiquée, convoquée devant moi avec habileté par un acteur malfaisant, apparue ici pour influencer mon avis sur ceci ou cela.*

EARHART : *Peut-être suis-je une sorte de buée à laquelle vous ne pouvez que consacrer votre attention, un mirage, un hologramme, un rouleau infini s'inclinant vers un désastre familier et passionnant.*

HEARST : *Peut-être ne sommes-nous même pas des cerveaux dans un laboratoire, mais des nœuds inertes d'un rhizome de faits et de conjectures, sans rien d'autre à faire que de regarder s'éloigner tout ce qui nous a un jour fondés, de voir tandis que les années passent notre patrimoine devenir plus ancien, plus déterminant et plus cruel. Peut-être tout ce que nous considérions comme réel est désormais en ruine et nous ne sommes que des noms dans un livre, des personnages dans un paragraphe de l'histoire. Peut-être sommes-nous devenus de l'information.*

Les villes connectées, 5

Oriola est une ville-archipel, conçue afin d'éviter de nouveaux effondrements. Formée par l'union de cinq communes disposées comme cinq points sur un dé, elle fonctionne selon le principe de la synergie et la vieille devise qui dit que l'union fait la force. On pourrait penser que Celuta, par sa position centrale et panoptique sur un atoll, nourrit des espoirs hégémoniques ou tentaculaires, mais rien n'est plus faux : les lois d'Oriola interdisent la conurbation et renforcent le principe de souveraineté de chacune des cinq communes, sachant qu'aucune d'entre elles ne voudra rompre les liens avec les autres.

Grâce à un système aussi audacieux qu'il est complexe et efficace, fondé sur les principes architecturaux les plus développés, les cinq noyaux urbains sont reliés de telle façon que les déplacements entre eux exigent le moins d'efforts. Ainsi, comme dans ces objets à mouvement perpétuel, il est possible de parcourir les cinq noyaux en descendant constamment, et ceci dans n'importe quel ordre et par différents moyens : par terre (les pédales des vélos orioliens sont purement décoratives), ou par air, grâce à un système sécurisé de tyroliennes basculantes. Bien évidemment, ce système stimule non seulement les rapports commerciaux, mais aussi les rapports personnels, voire intimes.

Inutile de dire que la conception urbanistique d'Oriola ne se limite pas à favoriser les connexions entre les cinq communes.

Le pentaduc, incontestable gain énergétique, symbole et étendard de la ville-archipel, est une sorte d'aqueduc moderne qui reçoit les eaux voisines du fleuve Ndogo et les canalise non seulement pour fournir de façon égale Aaltje, Bellona, Celuta, Dejanira et Eunomia, mais aussi pour générer l'énergie hydraulique nécessaire aux besoins de la population.

Si on ajoute à tout cela l'utilisation de la fibre organique (obtenue des cultures interurbaines et qui offre une vitesse dix fois supérieure à celle des fibres traditionnelles) comme moyen de transmission de données numériques, on comprendra parfaitement pourquoi les Orioliens et les Oriolienness se vantent d'habiter l'une des villes moins énergivores de la planète et d'avoir reçu à plusieurs reprises le Green Cities Award.

Les villes sanctuaires, 4

Avant toute chose, il faut expliquer que la ville de Dudu est un refuge. Cité-frontière souveraine, elle accueille tous ceux qu'ont expulsés la république d'Askilie, le sultanat de Berashtan, et le royaume du Nussland, les trois pays qu'elle jouxte. Si chaque nouvel habitant de Dudu se trouve illégalement sur son territoire, c'est qu'il a dû fuir son pays ravagé par les guerres ethniques, les massacres religieux, les discriminations de race ou de caste, ou la destruction par les inondations ou les séismes. Dans tous les cas, pour éviter que les autorités ne les renvoient dans l'enfer d'où ils viennent, ils détruisent leurs papiers avant de se réfugier à Dudu.

C'est pourquoi dans cette ville il se parle vingt langues, et autant d'appartenances se croisent. Dans le chaos apparent règne un ordre égalitaire, car l'entraide y est la loi. Et vous vous tromperiez aussi en croyant la cité sans ressources : elle abrite des artisans talentueux, de brillants chirurgiens, de merveilleux architectes, des artistes et même, dit-on, des poètes. Aussi les malades affluent-ils d'Askilie, du Berashtan ou du Nussland pour consulter les médecins duduniens aux grilles des fenêtres des hôpitaux qui trouent la haute muraille, et pas un bien précieux qu'on ne trouve aux marchés qui se tiennent à ses portes, et qui ne s'échange à travers les herses de fer.

Mais hélas, je ne connais de la ville que cette longue muraille blanche, je ne sais rien de ses rues, rien de ses palais. Dix fois pourtant, j'ai montré mon passeport aux gardes, et dix fois je me suis vue refouler sans savoir quel nouveau document administratif pouvait bien me manquer. Il m'a fallu des jours pour comprendre que c'est en présentant cette attestation de mon identité que je m'interdisais l'entrée dans Dudu.

Les villes malades, 3

En arrivant à Sirona je fus accueillie par le docteur-pacha de la ville, qui m'a raconté d'une voix rauque son arrivée à lui. À l'époque, me dit-il, son surnom de « ville des plaies » n'était pas usurpé. C'est pour cela qu'on l'y avait affecté. Les habitants se montraient en perpétuel état d'agression. Violences, coups en douce, piques de poignard, sournois coups de gourdin, tout était bon pour se montrer mauvais. Il devait y user de ses connaissances en médecine de guerre et en psychologie des foules. Il s'installa dans la citadelle avec son équipe et ils travaillèrent si fort que bientôt Sirona se vit donner le nom de « ville des petits soins ».

Après trois mois, tous les habitants rendirent les armes et chacun fut invité à prendre soin de chacune. La nouvelle règle imposait l'attention de tous et de chacun. Le docteur dispensa des cours de médecine obligatoires, et quelques mois plus tard tout le monde connaissait l'état de santé de son prochain. Le souci qu'on avait de la santé de tous et des bobos des uns et des autres fit que, bientôt, les noms de famille anciens, de sombre mémoire, s'effacèrent. On nommait celui-là Emphysème, celle-ci Ostéoporose. Tel enfant était Mucoviscidose, tel autre Côlon.

Pour des raisons qui se comprennent, la ville s'organisa selon les affections de ses citoyens malades. Autour de la citadelle, les quartiers s'établirent comme autant de pavillons d'hôpital : les cancéreux, les psychotiques, les goitreux, les porteurs d'ampoules,

les enrhumés avaient chacun leur rue ou leur bloc. On repeignit les façades en blanc qu'on décora de croix rouges. Les gens qui n'étaient pas malades étaient nommés les Sains et allaient de porte en porte distribuer des calendriers.

Aujourd'hui, grâce au choix complet de souffrances à disposition, Sirona jouit d'une explosion du tourisme médical. Les visiteurs se promènent en ville comme dans une encyclopédie ouverte. Certains habitants, fiers de leur succès, accentuent leur boiterie, hurlent plus fort leur démence, relèvent les manches sur leurs scrofules. Tout va pour le mieux et l'avenir est assuré tant la contagion fait rage. Chaque jour apporte fidèlement son lot de nouveaux malades à Sirona.

Une crainte pourtant taraude cette ville, celle d'une pandémie qui viendrait s'ajouter aux affections courantes, qui damerait le pion aux compétences artisanales contre la maladie accumulées jusqu'à présent.

Les villes biologiques, 2

La mégapole de Haremari est née d'une analyse, par l'école philosophique post-existentialiste, de l'homme, des constructions humaines, et de la nature. La plupart de ses futurs habitants ne comprenaient pas avant son établissement que l'humain et la nature ne faisaient qu'une seule et unique chose, et il en résultait des visions erronées de la place de l'homme dans le grand ordre des choses, des monuments à l'arrogance qui amalgame ce qui est naturel et ce qui est humain.

Soucieux d'instruire leurs contemporains, les post-existentialistes firent bâtir un nouvel environnement à l'image de ses habitants. Haremari comporte donc surtout des gratte-ciels avec une petite extension en penthouses pour les riches. Plus bas, du tiers supérieur jusqu'au tiers inférieur, de chaque côté, des balcons avec au milieu une brèche qui sépare les deux colonnes d'étages inférieurs. Le bas des immeubles est consacré aux gens de niveau de vie modeste, affichant à une séparation sur deux un triangle avec une sorte de balcon orné d'une végétation sombre, et l'autre une légère protubérance qui cache une partie de la plomberie de l'immeuble. Puis deux bouts qui sortent en bas, cachant les locaux techniques. Les fréquentes pannes des ascenseurs piègent davantage, paradoxalement, les gens riches dans leur penthouses et les personnes aisées sur les étages élevés, alors qu'elles fournissent un peu de sport bienfaisant à la populace vivant plus près du sol.

Sinon la vie de tous les jours se passe comme la vie de tous les jours dans n'importe quelle autre ville moderne. C'est à dire que les voisins s'ignorent, les repas tout faits sont commandés et livrés, et les grands axes de circulation dans cette ville qui s'étale maintenant dans toutes les directions sont bouchonnés tous les matins et tous les soirs.

De nos jours, la plupart des habitants de Haremari ne remarquent plus du tout les formes étrangement familières de leurs logements, qui leur semblent dorénavant tout à fait naturelles.

Les villes et les fantômes, 1

Longtemps, la ville de Vundtia fut une des villes les plus dangereuses du pays. On avait appris aux enfants à mendier, montré aux vieux comment voler à la tire, on battit de la fausse monnaie, on zigouilla quelques grands-mères qui résistaient, on arma les moutards. À la périphérie de la ville se trouva une vaste prison brutaliste, entourée de barbelés et approvisionnée de manière sporadique par des forces de l'ordre légèrement dépassées par l'énormité de leur besogne.

La prison est toujours là, mais elle n'accueille plus de criminels. Arriva en effet un jour où, avec l'arrivée d'un certain bandit de petite stature, la ville de Vundtia compta plus de détenus que d'habitants. Cette proportion ne pouvait que s'aggraver puisque les juges d'application, qui n'étaient plus payés depuis des mois, refusaient de faire libérer le moindre détenu. Se pliant à la logique mathématique et majoritaire, ils déclarèrent que la prison l'emportait sur le reste de la ville.

Ne voyant plus de raison de rester à quatre ou cinq dans des cellules individuelles alors qu'au dehors se trouvaient des terrains vagues et des demeures vides, dont certaines étaient les leurs, ils firent repousser les barbelés qui entouraient la prison jusqu'aux portes de la ville. À l'intérieur de cette métropole soudain élargie, la loi de la prison prit le pas sur la loi commune. Un comité bénévole d'anciens détenus dressa une constitution, dont l'article premier dit : « Ce qui est à moi est à moi et ce qui est à toi est à moi aussi. » On n'alla pas plus loin.

Les quelques propriétaires fonciers qui n'ont pas abandonné Vundtia le jour même de ce redécoupage restent désormais chez eux, cloîtrés derrière des enceintes improvisées fortifiées de ronces ramassées à la va-vite, leurs pas se faisant discrets sur les promenades publiques. Ils suivent l'actualité de leur ville sur leurs écrans, comme les étrangers. Quand les représentants autoproclamés de la ville se vantent que Vundtia est devenue la ville la plus sûre du pays, pour ce qu'ils en savent, c'est la vérité.

EARHART : … *Mais bien sûr que nous sommes de l'information. Que sont les nouvelles sinon de l'information, et qu'est-ce que l'information sinon des mots, que sont les mots sinon des sons et des formes produits par des gorges et des doigts distants de milliers de kilomètres, divisés en de minuscules pulsions et pointes et transportés invisiblement sur la terre et sous l'océan ?*

HEARST : *Alors où est l'information ?*

EARHART : *Cette question n'a plus cours. Vous devez plutôt vous interroger sur ceux qui y accèdent, l'évaluent, la recontextualisent, la ritualisent et l'agglomèrent en un bricolage sans fin de sens et d'intentions.*

HEARST : *Très bien. Où sont ces gens ? Qui sont-ils ?*

EARHART : *Ils sont tout le monde. Ce sont des bâtisseurs et des destructeurs, des chasseurs et des abstinents, des membres de tribus et des bibliothécaires, des magistrates et des instituteurs, des apicultrices et des tireurs d'élite et des blanchisseuses penchées sur des écrans. On peut les identifier parce qu'ils sont eux aussi de l'information, laissant leurs empreintes là où ils passent dans une forêt abattue de données.*

HEARST : *Et ils existent vraiment ?*

EARHART : *À moins qu'ils n'existent que parce que nous les imaginons nous consulter, s'enquérir de nous, formuler avec leurs mots ou leurs pensées ou leurs gestes la question à laquelle nous sommes la réponse.*

HEARST : *À vrai dire, je n'ai jamais vraiment imaginé les lecteurs.*

EARHART : *Peu importe.*

HEARST : *Et vous et moi, est-ce que nous sommes ensemble quelque part ?*

EARHART : *Nous sommes ensemble, là. Dans un espace mental. Dans le réseau, dans les paquets, dans une transcription. Dans demain. Dans l'absence — in absentia.*

VIII

De la rue dans laquelle sont ou ne sont pas Hearst et Earhart partent et se propagent des simulations, un flot ininterrompu de scénarios qui, tour à tour, ont la chance de devenir vérités ou cristallisent sous la patine de l'hypothèse ou encore demeurent suspendus dans l'impossibilité, défiant toute explication rationnelle même s'ils nagent dans une plausibilité dérivée du modèle des faits divers qui les ont toujours accueillis, des histoires standard rédigées naguère pour servir de base à leurs badinages complexes avec la réalité. Au fur et à mesure qu'elles se déplacent, sont permutées et s'effilochent, avec le sérieux d'un jeu d'enfants, il devient plus difficile pour un observateur, si toutefois ces simulations peuvent être observées, de déterminer si elles sont le fruit spéculatif de notre imagination rieuse ou nous de la leur.

Comme le temps passe, ou ne passe pas, ils regardent le monde continuer à se dématérialiser, devenir un assemblage de virtualités, les territoires qu'elle encercle dans ses avions et les intérêts obscurs dans lesquels il investit se transformant en uns et en zéros noirs sur blanc ou blancs sur noir. Et tandis qu'ils montent et démontent des paysages et des routes et des rassemblements et des désertions, ils créent et détruisent aussi des formes, anodines et envoûtantes : pigeons, rats, chiens, zoos, stations de taxis, billetteries, chiffonniers, marrons grillés dans des caddies sur des braseros, autoradios, boulettes de haschisch boueuses échangées de la main à la main hors des murs de la médina, monuments d'ivoire, magasins de modélisme, pierre de savon, ateliers de misère, tribunaux, prisons. Ceux-ci sont ballotés, à leur tour, par des risques en cascade, par l'intensification des phénomènes météorologiques, des famines et épidémies, des virus et génocides. La résolution est faible, les cris étouffés et sourds : c'est l'entropie. C'est parfois horrible à regarder mais le jeu est méthodique, sa logique finie, une ville survit ou ne survit pas. C'est plus propre ainsi.

Hearst essaie de se concentrer sur le jeu, mais c'est maintenant la réalité du jeu qui lui échappe. Chaque manche se termine par une évaluation arbitraire du succès ou de l'échec, un indice de satisfaction, de longévité ou de croissance. Chaque ville échoue ou réussit, mais à quoi ? Que veut dire gagner à ce jeu ? Une ville déclinant, une autre se développera à sa place, progressivement meilleure, plus forte, plus avancée, dans une direction qu'il ignore. Hearst pense : le jour où j'aurai enfin maîtrisé les règles du jeu, je ne saurai plus si j'ai été vivant ou simplement spéculé, si j'ai vécu une vie de reportage ou une vie de fiction.

Les villes sanctuaires, 5

Je suis venue à Sorga pour la première fois attirée, comme tant d'autres hommes et femmes au fil des siècles, par le charme mystique de l'endroit, curieuse d'y éprouver la « présence » dont on parle, presque en susurrant, quand on évoque cette grande ville aux origines catholiques. Mais j'y ai trouvé surtout une cacophonie. Les cloches sonnaient pendant l'appel du muezzin, les krishnas faisaient tinter leurs cymbales pendant la prière, les juifs orthodoxes poussaient leurs chants pendant la tournée des derviches. S'en suivaient régulièrement des bagarres, des coups, des blessures infligées au ciboire, au cierge, au bâton, au lance-pierre. Des insultes volaient au-dessus de la ville dans toutes les langues pieuses du monde.

Lors de ma deuxième visite, un vaste terrain à l'extérieur de la ville avait été mis à la disposition de tous les religieux de la cité pour pratiquer en paix et bonne harmonie. On m'a raconté qu'il a fallu plus d'un an de recensements divers, de palabres monumentales, de prévisions budgétaires, de partages minutieux, de frontières millimétriques, d'emplois du temps chronométrés, pour que les religieux se mettent d'accord. Ils y parvinrent à grands sacrifices et en secrets profits et ainsi fut créé le premier Faith Park. Chacun y fait de son mieux pour pratiquer et mettre en valeur sa religion : on sort ses beaux atours, on tourne à l'infini, on organise des concours de récitation de sourates, on chante, on arpente les lieux en défilé orange, on harangue interminablement, on étale sa zénitude à l'envi. Dans des décors sophistiqués, chacun donne le meilleur de lui-même dans le respect de l'autre.

Les marchands du temple, je l'ai bien constaté, n'ont pas tardé. On y trouve des boutiques de kippas, des étals de voiles, des pyramides de vierges en plastique, des lots de cymbales, des cierges et de l'encens. On y trouve des food trucks halal, casher, charcutiers, végan, avec une buvette œcuménique. Le public répond présent, non seulement des fidèles de chaque religion mais aussi des touristes athées ou agnostiques qui viennent par curiosité. Il y a des conversions, il y a des baptêmes. On a créé au centre du parc une « switch booth » dans laquelle, en deux temps et deux signatures, on peut changer de religion au gré des convictions ou des caprices.

Les villes malades, 4

Garumna était devenue célèbre à cause des montagnes de merde qui avaient accompagné l'étalement inconsidéré de la ville causé par la migration générale. La ville était plate à l'origine, mais elle comptait soudain vingt collines correspondant aux vingt arrondissements. Chacun d'eux avait sa colline de merde (merde voulant dire aussi bien les excréments humains ou animaliers de compagnie que les déchets, du moins au plus toxiques, tous relativement actifs sinon radioactifs).

À Garumna, les hommes et les femmes se multipliaient en hommes et en femmes en grand nombre, personne n'osant trop dire en surnombre. On était des millions. On construisait un toit le temps de faire sans souci quelques enfants et quelques déchets supplémentaires, et on poussait un peu plus loin pour construire sept autres demeures précaires (avec enfants, avec déchets) tandis que la maison des amours premières était récupérée par des paysans ou des mineurs de fond qui, se croyant arrivés à la ville et à l'aisance, copulaient avec bonheur sans souci du lendemain, mais avec pourtant des lendemains qui braillent et chient ad infinitum.

Le paysage à perte de vue n'était que toits dont la fragilité était la seule qualité visible. Une espèce de désert de tôles ondulées qui captaient la chaleur sans en tirer de l'énergie. Terrible aberration. Terrible exception.

Je le croyais.

Mais quand je me présentai à Garumna, m'attendant à une ville de bord de mer comme il était indiqué sur ma carte des couloirs aériens, voilà que j'étais à la montagne. Je m'étais laissée abuser par les montagnes de merde que j'avais confondues avec les Alpes. Et la montagne naturelle était elle aussi en tôle ondulée ou en kilomètres carrés de polyane que le gel n'allait pas tarder à casser comme du verre. Là-dessous, on faisait l'amour. On était un milliard.

Le plus étonnant était que cette ville entièrement nouvelle qui était pour moi Garumna 2 s'appelait aussi Garumna ! Garumna tout court. Nul n'avait même imaginé de la nommer La Nouvelle Garumna !

Les villes biologiques, 3

Au centre de Sequoia se dresse un vaste jardin public grand ouvert sur la ville. L'harmonie et la douceur de ces larges vallons verdoyants subtilement arborés incitent les habitants à s'y promener en tout temps. Vos pas vous y guident naturellement et vous ne pouvez résister à escalader ses amoncellements de rochers, à boire à ses sources fraîches, à plonger dans ses lacs limpides, à vous étendre sur l'herbe souple aux milles effluves délicates de ses collines. Comme vous vous étonnez du vert immaculé dans lequel vous vous reposez, vous remarquez le papier gras jeté négligemment par une famille voisine. Aussitôt le voici entraîné par un mouvement subtil de l'herbe vers le bord de la pelouse où il disparaît, siphonné dans une ouverture discrète.

À Sequoia, tout a été pensé pour que le jardin municipal soit en tous points parfait. Si vous regardez attentivement, vous remarquerez que l'herbe tendre qui caresse délicieusement vos mollets et vos pieds nus est faite d'une fibre souple d'un vert parfait résistante au piétinement et dont les mouvements sont programmés et générés harmonieusement afin que tout ce qui pourrait la souiller y soit éliminé à l'instant. Les fleurs aux coloris délicats qui parsèment le gazon ne se fanent pas et diffusent des parfums subtils jamais capiteux et aux vertus apaisantes. La légère touche acide que vous y décelez est due au répulsif à insectes, respectueux de l'environnement, qui l'accompagne. On évite ainsi les hurlements de l'enfant terrorisé à la vue d'une coccinelle sur le dos de sa main.

Les cailloux des chemins et tous les rochers sont d'une matière souple antidérapante sans le moindre tranchant, évitant genoux écorchés et chevilles foulées. L'eau des ruisseaux et lacs est recyclée et retraitée en permanence afin d'en garantir l'asepsie parfaite. Les bosquets ont été aménagés impeccablement et on n'y trouve nul recoin obscur anxiogène propice aux brigandages et turpitudes. L'écorce des arbres est inaltérable pour que jamais rongeur, larve ou insecte ne puisse y nicher et amener quelque germe ou vilenie que ce soit. Les mouvements aériens des feuilles et des branchages ont été calculés avec précision pour chasser au loin les oiseaux qui songeraient à y nicher et y lâcher leurs déjections. Quelques haut-parleurs dissimulés diffusent fort à propos de tendres gazouillis harmonisés à la perfection.

Tous les ans, pour fêter le premier jour d'automne, on y vient rituellement en famille. Et chacun, dansant et chantant, fait tourbillonner gaiement les milliers de feuilles vermillon et safran imputrescibles déversées la veille par les employés municipaux.

Les villes et les fantômes, 2

Je suis passée trois fois par Subamara car cette ville est au carrefour de huit chemins. Les deux premières fois, je n'ai pas vu la ville. J'ai eu l'immense chance de la voir la troisième et dernière fois, une chance dont beaucoup rêvent.

Dans la région, on parle de Subamara, l'invisible. Le phénomène est complexe et les explications multiples. Y circulent surtout deux théories, pour ne pas dire deux légendes. La première se veut scientifique. Il y a presque trente ans, le maire de la ville aurait décidé de rendre invisible une partie, rien qu'une partie, de Subamara : les zones qui, selon lui, n'étaient pas esthétiques ou ne s'harmonisaient pas à son architecture. Le maire fit venir un urbaniste, l'urbaniste fit venir deux ou trois scientifiques, les deux ou trois scientifiques dessinèrent un plan de la ville et y indiquèrent, d'une couleur différente, rouge ou verte, la zone à « occulter » au moyen d'une substance gazeuse : à savoir toutes les usines et les industries de la périphérie de plus en plus encombrée. Sauf que quelque chose a mal tourné et Subamara tout entière, avec ses habitants, devint invisible.

La deuxième théorie (ou légende), plus poétique, pourrait bien être complémentaire de la première. Il s'avère, en résumé, que seules certaines personnes ont l'occasion de voir la ville, et pour cela elles doivent remplir au moins deux conditions préalables : être capables de regarder une vieille maison et de dire l'année exacte de sa construction, et connaître le sens profond du mot *subamara*.

Je ne crois pas avoir tout vu de la ville, car je me souviens d'un dédale de rues et de maisons élégantes, mais pas d'usines ni d'ateliers ni de bâtiments disgracieux. Je soupçonne que, plutôt que Subamara, ce que j'ai vu a été la ville dont rêvaient le maire, l'urbaniste, et ses scientifiques.

J'ai raconté mon expérience à un vieil habitant de la zone. Il a hoché la tête et m'a dit que cela ne le surprenait pas. Tous ceux qui ont eu le privilège d'apercevoir un aspect de Subamara offrent une description différente, dit-il. Il m'a laissé entendre une chose qui ne fait pas partie de la mythologie officielle de la ville : si l'occultation d'une partie de Subamara a mal tourné, c'est que personne n'a prévu le choc pourtant inévitable entre les émissions toxiques des usines et le gaz libéré par les scientifiques. La morale de cette histoire, selon le vieil homme, est qu'on aurait dû s'attaquer aux sources de la laideur au lieu de perdre son temps à des questions cosmétiques.

Les villes circulaires, 1

Les urbanistes qui ont inventé Yrsa voulaient lui donner la forme d'un cercle. Ses rues seraient circulaires elles aussi, et toutes se rejoindraient en un point. Réification de nos principes économiques, disaient-ils. Boucle d'oreille hawaïenne, dit un poète. Des cercles tangents, dit une mathématicienne.

À l'endroit où les rues sont le plus écartées les unes des autres, qui est celui par où arrive à Yrsa l'air frais et vivifiant de la mer, les vastes maisons de pierre sont entourées de parcs verdoyants, plantés de grands arbres et parcourus par des habitants jeunes et beaux. Les constructions sont magnifiquement entretenues. Les matériaux remplacés sont portés un peu plus loin dans la rue, à droite en regardant vers l'extérieur de Yrsa, et servent à réparer les immeubles un peu moins luxueux de cette partie de la ville, remplaçant des pierres, des planches ou des vitres qui, à leur tour, sont utilisées encore un peu plus loin. De la même façon, les nourritures qui n'ont pas été consommées sont dégustées par les habitants à droite, les livres lus sont déplacés pour être lus ailleurs, les outils, les vêtements, les contenants — tout se déplace vers la droite et les parties les plus serrées de Yrsa. Les déchets d'une industrie deviennent matières premières de l'industrie voisine, l'eau usagée de telle raffinerie devient eau de refroidissement de la centrale située à sa droite, qui devient à son tour vapeur chauffant les logements ouvriers contigus.

C'est ainsi que s'accumule, sur la place où convergent toutes ces rues, tout ce qui n'a plus pu être déplacé et qui forme une immense tour de matière plastique, de métaux et de résidus d'appareils ménagers dans lesquels vivent les habitants qui ont eux aussi été déplacés en vieillissant. Car seul un demi-cercle de chacune des rues est construit et utilisé. Yrsa n'est à la vérité qu'une ville semi-circulaire.

... Hearst essaie de se concentrer sur le jeu, mais encore une fois la réalité du jeu lui échappe. La fin de chaque manche est une mesure arbitraire du succès ou de l'échec, un indice de satisfaction ou de longévité ou de croissance. Chaque ville réussit ou échoue, mais à quoi ? Que gagne celui qui gagne ? Une ville déclinant, une autre s'élèvera à sa place, infinitésimalement plus légère, plus puissante, sur un modèle de plus en plus sophistiqué. Hearst pense : le jour où j'aurai enfin appris les règles du jeu, je n'aurai plus besoin de savoir si j'ai existé dans la réalité ou en rêve, si ma vie a été vraie ou fausse.
Puis Amelia parle, et encore une fois il est surpris d'entendre si clairement sa voix : Tout, dit-elle, est fait de quelque chose qui a été et qui n'est plus, qui s'est terminé sans être autre que lui-même, qui s'est produit et ne pouvait aller plus loin, mais qui a pris la place d'autres choses qui ne seront donc jamais. Toute chose sonne, quand on l'écoute, les creux de sa propre histoire, ses destins contrariés, son temps présent mortellement entremêlé avec son passé, les extrémités mortes de ses voies sans issue avec les vivantes. Notre folie, notre malédiction, c'est d'être incapables de décomposer ces temps des choses, d'avoir édifié des royaumes de sens que nous ne pouvons pas appréhender dans le temps de nos propres vies. D'avoir élevé, haut dans les cieux, ce que nous-mêmes ne pouvons maîtriser, ne pouvons définir. C'est pourquoi l'information n'est pas la sagesse. C'est pourquoi la connaissance n'est pas l'action. C'est ainsi que nous pouvons créer le futur et ne pas être préparés à son arrivée.

IX

Hearst a plusieurs globes dans son bureau, le lieu où normalement il parle au téléphone avec Earhart. Certains sont aussi grands que des chaudrons grouillants posés sur des socles griffus ; d'autres, de dimensions plus modestes, semblent avoir été dérobés dans une salle de classe ou une bibliothèque publique ou une fumerie. Et puis il y a ces autres globes, les boules à neige, chacune dépeignant sans grande fidélité un symbole du lieu dont le nom est gravé à sa base, un peu comme les impressions vaporeuses des premières descriptions d'Earhart. Entre ces objets et les atlas et les répertoires géographiques et les almanachs, il possède telle ou telle représentation de tous les lieux du monde, toutes les routes et les jetées et les criques, la vue des aurores boréales depuis le cercle polaire, l'odeur de l'État-nation des déchets serpentant paisiblement dans l'océan Pacifique, les microclimats des vanités monumentales imperceptibles au sol mais visibles depuis l'espace. Et il sait au plus profond de lui-même, dans les calmes moments d'introspection après qu'Earhart a raccroché, que ce n'est pas suffisant.
William demande à Amelia : Quand vous reviendrez à terre pour de bon, quelles histoires raconterez-vous ?
– Je ne sais pas, dit Amelia, sûrement celles que les gens veulent entendre, selon où et quand ils en sont dans leur vie. Le récit que je ferai à l'un de vos pigistes ou chroniqueurs ou experts de salon sera forcément différent de celui que je ferai à l'un de mes mécaniciens, aucun d'eux ne ressemblera à ce que je raconterai à un interviewer d'un magazine ou à une délégation officielle

d'orphelins de guerre. Ce n'est pas le conteur qui commande l'histoire : c'est l'auditeur.

– Et je me demande, William, quand ce jour arrivera. Parfois, j'ai l'impression que seuls vous et moi avançons dans le temps, alors que toutes les formes de société humaine ont atteint une extrémité de leur cycle, un immobilisme surpeuplé et insoutenable, et il est impossible d'imaginer comment une ville pourrait se maintenir et tout aussi impossible de prévoir comment elle pourrait faire autrement, ce qu'elle pourrait faire, compte tenu des vagues de calamités et d'anéantissement, sinon se perpétuer. Vous avez vu comme moi que les vagues arrivent, et il est aussi impossible de ne pas les voir qu'il l'est de les défaire. Et pourtant, en vous les décrivant, j'entends un silence, un battement de cœur, au cours duquel les villes pourraient non seulement décliner et tomber, mais aussi se relever.

*

Hearst a sous les doigts un atlas, un parmi d'autres, dont les images tentent de représenter le monde dans toutes ses intersections et ses hyperliens, continent par continent, les contours de territoires éloignés, des plans de vol, des frontières contestées, des rudiments de langues déroutantes et des devises instables. Parfois, il aime ouvrir une page au hasard et lire quelques faits à Earhart pour tester sa mémoire et son talent d'identification. L'aviatrice reconnaît Rio de Janeiro à sa montagne pieuse dressée au milieu des eaux vives, Niamey à l'aridité chatoyante de sa poussière safranée, Chicago à son imposante pierre calcaire et son étalement verdoyant, Haïfa au dôme doré qui surplombe ses gradins de couleurs et de formes trop vives pour être réelles. Pour d'autres villes, elle s'en remet par défaut à des rumeurs et à des lieux communs, à des gros titres vaguement remémorés à propos de cyclones et d'annexions et de famines, nommant un point de repère ou un raccourci terrestre sans se soucier d'exactitude. Car Hearst souvent a déjà tourné la page lorsque cette réponse arrive. On le sait, tous les lieux sont entrelacés, on peut les atteindre par un certain nombre minimum de déplacements, identifiables par des noms qui ne sonnent pas forcément de la même façon quand ils sont prononcés par deux visiteurs différents.

– Je crois que ces villes sont plus réelles pour vous comme pages de ce livre que comme lieux à trois dimensions, dit-il avec un soupir, en retirant son index d'un espace, étroit comme le trou d'un ver, entre les pages d'un massif volume relié de cuir.

Et Earhart répond : Elles sont plus fiables, certainement, plus stables là qu'à terre. Les villes s'embellissent à l'ouest, parce que le soleil s'y couche, et elles étirent des bras accueillants à l'est, et elles pourrissent à partir du centre. Entre les tours et les ronds-points et l'air épaissi par les gaz d'échappement, l'entropie continue à croître. Votre atlas ne reflète pas ces lieux fidèlement, il fige leurs mérites par un ordre arbitraire des variables. Il les conserve tels qu'ils étaient au moment où un cartographe les a vus, un navigateur, les yeux écarquillés par l'illusion de la postérité.

*

Hearst possède un atlas qu'il ne montre jamais à personne, un folio relié de pages colorées de cartes secrètes, de tableaux de faits et de chiffres occultes, d'itinéraires permettant d'atteindre tel ou tel lieu imaginé par tel ou tel chemin réel, un recueil de relations et de contradictions géographiques qui n'ont jamais, jusqu'à présent, tant bien que mal, été réfutées. C'est l'ensemble des villes qui demeurent après que le catalogue infini des formes ait enfin été épuisé, les villes qui témoigneront de la fin des villes. Elles n'ont pas de noms, seulement des icônes, des impressions, des symboles, seulement des passages impossibles vers d'autres villes, un réseau sans début ni fin.
Pendant qu'il touche cet atlas, il est surpris de sentir qu'Earhart est derrière lui, planant au-dessus de son luxueux bureau, respirant à peine, clignant à peine des yeux, vacillant en quelque sorte. Il ne se retourne pas et continue à feuilleter distraitement le livre. Finalement, elle dit : Vous le voyez. La terre balafrée, l'océan de gouttes, l'avertissement écrit en traînées dans le ciel. Le péril, la ruine, William, la ruine exponentielle. J'ai essayé de faire le tour de ce monde et il m'a engloutie tout entière. Mais vous, vous qui le voyez, vous qui êtes encore là, vous devez leur dire.
En vérité, peut-être que Hearst n'est plus là, dans son bureau dans son château de San Simeon. Peut-être a-t-il été appelé pour affaires urgentes. Peut-être est-il reparti aux îles Phoenix pour errer parmi les dernières traces qu'elle a laissées. Peut-être est-il dans une chambre d'hôpital, la plus sophistiquée que l'argent puisse acheter, avec ses machines qui gazouillent et

ronronnent comme un simulacre de ses salles de rédaction. Déjà peut-être a-t-il disparu, depuis longtemps, son palais d'été déjà vidé de ses fils de cuivre, ses animaux exotiques déjà vendus au zoo. On ne peut pas savoir.

Les villes malades, 5

Il y a un village à côté de Sofali, Sofala, dont il est séparé par un fleuve rachitique et gris qui trace la ligne de faille sur laquelle la région s'est bâtie au fil des siècles, et que surplombe en permanence une petite grappe d'infrastructures fossiles. Sofala ne fait administrativement pas partie de Sofali mais l'alimente en énergie. Une installation chimique et un gazoduc, si je me souviens bien. Ou bien une raffinerie de pétrole : j'avoue que j'ai oublié ce détail. Un tel village existe dans toute mégapole, William, et j'en ai vu des centaines. Je leur connais le bourdonnement électrique, le crépitement, le silence qui pèse. Les mouchoirs ensanglantés, parfois. Nul ne choisit d'y vivre si les circonstances matérielles et sociales ne l'y obligent pas.

Sofali se différencie au moyen d'une loi qui dit que tout habitant doit vivre un mois, tôt ou tard, à Sofala : si personne ne choisirait d'y vivre, que personne n'y vive, ni les infortunés ni les sans-papiers ni les criminels. Si les circonstances sont cruelles, les remplacer par une espèce de volonté obligatoire. Sofala a une résidence en permanence mais n'a pas de résident permanent. Y séjourner est un passage à traverser, une obligation civique, comme l'obligation d'être juré ou le service militaire.

Les immeubles sont gaiement anonymes. Les jardins sont faux. Tout ressemble à une colonie de vacances, les couleurs vives et les bannières enjolivantes et criardes faisant de leur mieux pour divertir l'œil de la présence des réservoirs et des cheminées. Pendant sa résidence on est libre de s'amuser comme on veut, de profiter des grands terrains de sport, des ateliers de création amplement équipés, des piscines hors sol, des pistes de bowling et de minigolf, des magasins à un dollar et des boutiques de luxe, des arcades et des vidéo-arcades, des cantines, des food courts, des bars à cocktails artisanaux.

J'ai rarement vu un citadin aussi soucieux de la déontologie et la moralité, la justice et l'obligation, qu'un Sofalite qui voit les cheminées en arrière-fond de l'autre rive du fleuve, ni un citadin aussi épanoui que celui qui quitte Sofala avec sa belle petite famille, rougi par l'exaltation d'avoir accompli son devoir et de ne plus devoir y penser.

Les villes biologiques, 4

C'est par la mer que la voyageuse est arrivée à Chaika. Elle n'a d'abord vu, au-delà du va-et-vient des barques de pêche, au-delà de la ceinture de récifs entre lesquels le chenal louvoie, que la forêt. Les milliers de cris de milliers d'oiseaux ont bientôt couvert le bruit du moteur tandis que le bateau longeait des arbres qui semblaient poussés par les îlots que forment leurs racines. Une maison reposant sur de hauts pilotis, un pont enjambant un canal, une passerelle de bois sur laquelle un vieillard tire un chariot chargé de paniers d'oursins, c'est ainsi qu'est apparue, peu à peu, au regard de la voyageuse, la ville de Chaika, cité bourdonnante, avec ses places et ses rues, ses écoles et ses usines, ses jardins et sa poussière jaune, ses arcades pour se protéger de la pluie.

À Chaika, le soir, après le travail, jeunes et vieux s'installent aux terrasses des cafés et invitent les voyageurs venus d'autres pays et d'autres temps à raconter des histoires terrifiantes de guerres meurtrières à coups de bombes tuant chacune des centaines de milliers de personnes, d'incendies volontaires de vastes forêts tropicales, de meutes de loups s'attaquant à des fermes entières, de maladies faisant des nombres incroyables de morts, de monceaux d'immondices dans des décharges gigantesques, de monstres marins naufrageant des navires entiers, d'ouragans à la violence inouïe, de tigres mangeurs d'hommes, de vagues immenses capables de balayer les champs de crevettes avant de recouvrir les villes qui en vivaient, de vampires cruels aux lèvres ensanglantées. Tous frémissent, puis se sourient en mimant un dernier frisson, l'un verse un verre de rhum, et tous le boivent en silence, pendant que de petites chauves-souris tournent dans l'air du soir.

La voyageuse a recueilli quelques-unes de ces histoires dans un cahier et a repris sa route, retournant vers la mer, c'est-à-dire vers la mangrove, la forêt qui veille sur Chaika en absorbant la houle et les lames. De même que, de la mer, on ne voit pas Chaika, de Chaika, on ne voit pas la mer, a encore noté la voyageuse. La mangrove c'est aussi l'horizon de Chaika.

Les villes et les fantômes, 3

On peut parler de deux façons de la ville de Pyrrha : dire que c'est une ville dans laquelle il n'existe aucun monument, ou alors dire à quel point ses habitants sont attachés à l'histoire de ses monuments. Promenez-vous dans Pyrrha. Un peu à l'écart d'une des plus grandes places de la ville, il se trouvera quelqu'un pour vous montrer des pierres moussues qui sont les vestiges de la porte à pont-levis d'une prison détruite au nom de la liberté et vous indiquer la trace de cette prison dessinée sur les pavés de la place. Dans un grand parc au bord du fleuve, un vieillard assis sur un banc vous dira qu'en ce lieu se dressait un palais d'où tant de fois était parti l'ordre de massacrer le peuple qu'il fallut l'incendier, au nom de l'égalité. Dans le bruissement des feuilles, une femme peut-être vous expliquera que, puisque nous ne voulons pas de roi, nous n'avons plus besoin de palais. Un peu plus loin, c'est un jeune homme qui vous montrera des cartes postales anciennes sur lesquelles vous découvrirez les tronçons d'une colonne, érigée sur une place à la gloire des armées d'un conquérant brutal dont le nom est aujourd'hui oublié, puis abattue au nom de la fraternité.

Si vous visitez l'observatoire, vous découvrirez, sous l'horloge de cuivre, un socle sur lequel est gravé le nom d'un savant. Il y aura là, justement, une astronome qui vous dira que cet homme avait accepté un poste politique et ordonné, lui aussi, un massacre. Mais peut-être au contraire sera-ce un de ses collègues qui, lui, affirmera que c'est pour fabriquer des canons que la statue de bronze a été fondue.

Car ce ne sont pas les mêmes idéaux qui ont mené à la destruction de tous ces monuments. C'est pourquoi la ville a fait élever, dans un jardin de son centre, un quadrillage de morceaux de colonnes noires et blanches que des groupes d'enfants joyeux s'amusent à escalader et dont on vous dira que celle-ci aurait pu être le socle d'une statue équestre ou d'un buste d'impératrice, cette autre un reste d'une colonne de victoire, et celle-là encore la base d'un trophée guerrier, en même temps que toutes les raisons qui les auraient fait déboulonner. Puis, la voyageuse le sait, ce monumental ensemble sera déboulonné à son tour.

Les villes circulaires, 2

Des heures il m'aura fallu négocier avant d'être autorisée à pénétrer dans Mithra. La ville fortifiée de la vallée du Donhari est interdite à quiconque ne connaît un savoir traditionnel, une méthode ancienne, qu'il devra transmettre aux habitants. Voici des siècles, une femme d'Inakutik s'est vu ouvrir la herse parce qu'elle savait construire une maison en glace, bien que jamais à Mithra nul n'ait vu tomber de neige. Une autre, originaire de Zwetana, a enseigné comment sangler pour la monte l'éléphant tigré, sans qu'aucun garde ne lui reproche le fait que l'animal est ici inconnu ou que la technique s'adapte mal — voire pas du tout — au dromadaire laineux. Tout récemment encore, un homme de Gunila a pu passer le seuil de Mithra grâce à la recette d'un onguent qui guérit les morsures de l'ortie arc-en-ciel, même si celle-ci ne pousse pas dans cette contrée.

Je connaissais par chance une technique de fabrication de piège à guêpe, dans lequel l'insecte se noie, dont la cruauté fascina les Mithravis. Malgré la simplicité de l'objet, je parvins à faire durer deux jours l'enseignement de sa fabrication.

Hélas, à Mithra, chacun respecte la leçon d'humilité que donne Pline dans son *Histoire naturelle*, « *Sutor, ne supra crepidam* » — cordonnier, tiens t'en à la sandale ! — nous enjoignant de nous taire dès qu'un sujet outrepasse notre compétence. Nul n'ose s'approprier la science de l'autre, voire l'enrichir de la sienne, et à

Mithra la ficelle n'a pas donné naissance au lacet, ni la poulie à l'engrenage, ou cet onguent contre l'ortie arc-en-ciel au pastis. Et nul ne se risquera à augmenter d'un pouce le diamètre du trou par lequel entrait notre guêpe afin de piéger l'énorme et terrible frelon noir du Donhari.

Les villes biologiques, 5

Cortusa est une improbable cité de verre qui s'élève haut dans le désert de Harasa. De loin, dans l'éclat du levant, elle est d'abord ce gratte-ciel étincelant qui se colorera de pourpre aux feux du couchant. Si la nuit vient à tomber avant qu'on l'ait atteinte, sa lueur guidera la voyageuse jusqu'à elle dans l'obscurité, et il lui semblera qu'une armée de lucioles la peuple.

Cortusa est un miracle de ville, un havre de paix, et nul assaillant ne menace cette source illimitée dans un monde d'aridité. L'eau de l'oasis, prisonnière de l'immense serre qui cerne la tour, devient vapeur sous le soleil brûlant, et les courants ascendants l'entraînent jusqu'à son toit translucide et son grand bassin ombragé. C'est là que l'eau se condense enfin, et qu'elle ruisselle d'un étage à l'autre. Empruntant de fins tubes de cuivre, elle irrigue des millions de pots où poussent soja, lentilles, haricots et même parfois, luxe suprême, laitues et tomates. Les Cortusiens cultivent ainsi au cœur du désert, et parce qu'ils savent le prix de l'eau, nulle goutte, fût-elle de sueur, n'est gaspillée. La voyageuse pourra se restaurer, se reposer, mais elle ne saurait quitter Cortusa plus lourde qu'elle n'y est entrée.

La plante est ici célébrée, et elle accède même à un statut singulier et prestigieux si elle se révèle incomestible. Ainsi, tout comme vous et moi élevons des chats ou des chiens, chaque Cortusien a comme compagnon un végétal familier, cactée, fougère ou magnolia. La crassula de notre hôte, très affectueuse par ailleurs — un peu trop à mon goût — s'appelle Birgita.

Les villes et les fantômes, 4

Le sol d'Owa est traversé par une longue veine creusée par on ne sait quelle force majeure jusqu'à l'écorce de la terre, de la Terre, sans fond, littéralement sans fond. Pour forme elle a une arborescence foudroyée, fourchue et soudaine, la largeur d'une pirogue, parfois plus. Impossible de la traverser sans pont, mais la discussion avec ses voisins de l'autre côté reste simple comme bonjour. Les bords sont pour la plupart protégés, sécurisés dans le but de détourner toute idée de plonge, mais j'ai constaté qu'ils le sont de manière parfois dérisoire, comme une corde de velours devant un tableau dans un musée.

S'il a existé une Owa antérieure, une Owa incicatrisée, il n'y en a plus de trace : pas de ruines, pas de preuves. La ville telle qu'on l'habite maintenant est aménagée tranquillement autour, dedans, entre. La veine a toujours été là. On ne sait même pas comment les ponts ont été construits, ni quand, ni par qui. Pourtant, des souvenirs brumeux et figurés de ses origines, des théories de son existence, semblent traverser l'histoire tout comme la veine, elle, traverse la ville.

Les gens corrects vivent éloignés des canaux vides de Owa, les autres en font une zone grise parsemée de bizarreries dont on entend souvent parler dans l'intérieur. Les échos que j'en ai eus, l'un plus beau et invraisemblable que l'autre, m'ont ravie : que la veine est le système vasculaire d'un être géant, voire un dieu;

que c'est une carte céleste, ses angles dentelés faisant écho à une constellation imaginée ; que les sacrifices de vierges se pratiquaient pendant des solstices d'antan et se pratiquent encore entre autres rites occultes qui ne laissent, eux non plus, aucune trace. J'ai aussi entendu dire que tout cela n'est qu'un mythe, une eschatologie du vide infini propagée afin de semer la peur et la docilité. Car il doit forcément y avoir un fond, même si on ne l'a pas encore touché.

Les villes circulaires, 3

La voyageuse ignorait jusqu'au nom d'Eris quand elle a survolé la ville, dont elle a pourtant reconnu le dôme qui la dissimule. C'est que ce nom a été changé lorsque ses astronomes ont découvert une planète naine. On a alors choisi pour celle-ci le nom de la déesse Eris que l'on a aussi donné à la ville.

La partie nouvelle de la ville, à la limite du dôme, est formée de rues en béton alvéolé, longées d'arbres odorants et ombrageants, d'immeubles sombres surmontés de fraîches terrasses végétales. Par les grandes baies de cristaux liquides, qui sont comme des écailles argentées et ne réfléchissent pas la lumière du soleil, ses hôtes montrent à la visiteuse les vasques ombragées au pied des maisons et l'invitent à les y accompagner, dans le bruissement parfumé des feuilles d'un bois de bambou.

Ce n'est pas une enceinte de murailles qui indique les limites de l'ancienne Eris, mais bien la densité du dôme qui la surplombe et la nature différente du paysage, la plus grande rareté des arbres et de la verdure, la couleur et le matériau des bâtiments. Les beaux immeubles du centre, dont la pierre blanche avait créé jadis la lumière célébrée par les visiteurs et les peintres, ces immeubles depuis les fenêtres desquelles le ciel a la forme d'un trapèze bleu — ou gris ou, le plus souvent, brun — ils ont été quittés par leurs habitants fortunés pour les constructions plus fraîches de la nouvelle Eris. Dans l'orgueil de leur nouveau genre de luxe, ceux-ci condamnent l'insalubrité croissante des îlots qu'ils ont abandonnés, les gaspillages et l'incurie des populations qui ont occupé les logements dont ils ne voulaient plus.

Dans les vastes appartements devenus des cases superposées s'entassent toujours plus de familles venues d'autres villes, celles-ci bien plus chaudes ou submergées par une mer de plus en plus haute — et qui ont trouvé ici des emplois, dans la construction et le nettoyage notamment, grâce auxquels les mères de famille, après avoir lavé la crasse et arrosé les plantes dans la nouvelle Eris, peuvent le soir cuisiner du riz en allaitant leurs nouveau-nés. L'été, la température y est toujours plus élevée d'au moins douze degrés que celle de la nouvelle Eris. Il y fait pourtant moins chaud que dans les tentes microscopiques où vivent les nouveaux arrivants.

Le dôme que survole à nouveau la voyageuse, c'est une chape pourrie qui pèse sur les rues bitumeuses, c'est l'opaque fumée qui ne se défait pas — c'est la suie des vies brûlées qui forme croûte sur la ville.

Ainsi Eris mérite-t-elle le nom de cette antique déesse de la discorde. Car y a-t-il une déesse de la révolte ?

Les villes et les fantômes, 5

La première chose qui surprend la voyageuse qui arrive à Werdandi, après avoir survolé mers, déserts et forêts à la recherche de ce destin mythique dont parlent les œuvres des explorateurs, est l'absence de bruit, ou plutôt la texture, le timbre des sons, comme si la ville était une ville en sourdine, couverte de feutre, ou comme si la nouvelle venue, par distraction ou ravissement, avait oublié de retirer les bouchons d'oreilles qu'elle a utilisés pour échapper aux chants des sirènes. Bientôt elle découvre que la sensation est trompeuse, que ce n'est pas une question d'intensité ou de quantité, mais plutôt de qualité. Ce qui lui manque est le bruit de la métropole : le rugissement des moteurs, le croassement des usines, le gazouillis des fils électriques. La vue et l'odorat ne tardent pas à corroborer ce que l'oreille avait déjà senti : Werdandi est une ville sauvage, une ville-jungle où prévaut la loi du laisser pousser. On ne saurait pas dire depuis quand c'est ainsi, mais le mécanique, l'artificiel, le synthétique, le technologique ont désormais disparu.

La voyageuse reste aussi interdite face aux êtres vivants les plus divers qui abondent à Werdandi, depuis l'ortie au parfum de rose dont la piqûre endort l'imprudent jusqu'au caméléon aux yeux poussin qui nous regarde de travers, en passant par les majestueux baobabs aux fruits doux et pulpeux ou les libellules multicolores qui se confondent avec les arcs-en-ciel. Il n'est pas inhabituel non plus de trouver des spécimens hybrides, nés des mélanges les plus divers : des lézouilles aux coquerites, des rhinocèbres aux lapinsons, sans oublier les satyres et les centaures, bien connus depuis l'Antiquité. On pourrait croire que le capharnaüm est roi, mais rien n'est plus loin de la réalité : les Werdandiens et les Werdandiennes vivent en toute harmonie, même s'il est possible de découvrir, les nuits de pleine lune, des loups-garous qui hurlent en regardant le ciel, songeant aux temps anciens ou chassant les cauchemars à venir.

Après ce premier moment d'hébétement, la voyageuse qui arrive à Werdandi abandonne tout ce qu'elle considère inapproprié (sa boussole, son sac, ses chaussures) et pénètre dans la ville, parcourt ses rues gazonnées, traverse ses places boisées, entre et sort des bâtiments couverts de lierre et monte au gratte-ciel le plus haut pour contempler les alentours et découvrir que quelques kilomètres plus loin il y a une deuxième ville sauvage, et puis une troisième plus sauvage encore, et une quatrième et une cinquième, et j'en passe, William, comme si à partir de là le monde avait décidé de revenir sur ses pas jusqu'au moment où tout a commencé à dérailler.

Les villes circulaires, 4

Dans la ville de Meliboea, tout est et sera recyclé. Même le nom de la ville, transformé chaque décennie en suivant un cycle continu et fixe qui influence plusieurs aspects du quotidien. La ville est plus encline aux arts et aux loisirs quand elle s'appelle Melibia, plus penchée vers la production industrielle quand elle s'appelle Meliboea, plus attentive à la nature et à l'artisanat quand elle s'appelle Meloboa.

Recycler et respirer semblent ici synonymes. Mais le recyclage à Meliboea et dans ses villes-avatars transcende la réutilisation des choses, un concept si profondément ancré que dans la langue parlée par les habitants de la ville, quel que soit son nom, il n'y a aucun mot équivalent à *détritus*, *déchets* ou *ordures*. À Meliboea, on considère comme acquis que tout objet aura une deuxième vie et que celle-ci aboutira, sauf accident, à une troisième ou quatrième. J'ai entendu dire en parcourant les lieux que chaque nouvelle vie n'est ni une répétition ni une mutation, mais un mélange des deux notions.

Les habitants changent aussi, chaque décennie, de domicile et de profession. Et cet autre recyclage n'est pas brutal, mais conséquence méditée d'une minutieuse planification où, pendant dix ans, chacun se prépare à cette transformation.

J'ai également entendu dire, avant de quitter les lieux : J'ai eu des belles vies, j'avoue, j'espère des vies encore meilleures.

Les villes circulaires, 5

Marmulla était une cité nichée au fond de la vallée. De sa place centrale on voyait en tremblant de froid les sommets enneigés et on attendait que le soleil les franchisse pour avoir enfin chaleur et lumière. Dans la vallée et à travers la ville coulait un joyeux ruisseau, le Gourgalin, aux eaux blanches et sautillantes. Il remplissait les fontaines froides et courait vers les prés d'aval, emportant ses truites. Les enfants y jouaient, tentant d'en barrer le cours ou lâchant au gré des flots des barques d'écorce qui partaient vers le monde d'en bas. Ainsi la vie était-elle fraîche et potable dans la petite ville de Marmulla.

Il advint qu'un hiver la neige tombât en abondance, donnant aux sommets alentour et aux rives du Gourgalin des allures de moutons blancs du plus confortable aspect. Et puis le soleil vint soudain en humeur d'été qui fit fondre tout d'un coup. Le modeste Gourgalin eut, à sa source, des largesses de fleuve tumultueux. Il roulait sa boue et ses rochers, arrachait les arbres, défonçait les routes, escaladait les pentes et se ruait sur Marmulla.

La ville étant pour l'essentiel construite en bois de montagne, elle se mit à flotter au gré du torrent, abandonnant sur place son église de pierre, sa mairie, son école. Les habitants s'accommodèrent tant bien que mal de cette navigation et furent posés sur la vaste plaine au milieu des champs cultivés. La vie se réorganisa et les montagnards devinrent des agriculteurs intensifs acceptables.

Un jour d'automne, des pluies diluviennes transformèrent la plaine en une mer boueuse et Marmulla, toujours en bois, flotta jusqu'au bord de l'océan. Les paysans devinrent marins, apprirent la pêche et le goût du poisson. À la fin d'un été brûlant, la banquise se brisa dans un grand fracas, fondit, et la mer, gonflée de cette eau nouvelle, libéra Marmulla de ses obligations terrestres et la poussa au large. Au terme d'une longue navigation, Marmulla fut déposée sur une lointaine plage de sable fin.

Bientôt la mer se retire et Marmulla se retrouve au désert. N'ayant jamais de son histoire été privée d'eau, la ville se réinvente en mode parcimonieux dans un chœur de protestations. Les anciens pleurent le bon vieux temps, les enfants s'ennuient de ne plus pouvoir patauger et de devoir inventer des jeux nouveaux. Comme il y a peu d'eau, elle est vite sale, comme il y a du sable, elle est vite craquante sous la dent et sous la douche. Dans la hâte, on organise un concours à qui saura laver l'eau et on vide les clepsydres pour en faire des sabliers. Il fait chaud.

Amelia a un rituel personnel qu'elle accomplit lors de ses descentes, dès environ dix milles nautiques, avant de déployer les volets et de sortir le train d'atterrissage. Résistant à l'idée de ce qui l'attend en bas, elle observe les bandes de droites devenir des réseaux de routes, le barbouillage de vert et de gris des champs et des immeubles, tandis que les automobiles et les trains et les autres avions, plus petits chaque année, se ramifient en une galaxie de mouvements orchestrés indépendants. Elle laisse les choses prendre forme, puis, toujours sans effort conscient, les laisse se rassembler en une masse flottante imprécise, un océan pointillé et bigarré de néons et d'angles. Elle se souvient de l'ivresse de ses vols précoces, des toboggans, des rampes et des montagnes russes, de la précarité et de l'apesanteur, et laisse la mémoire la submerger. Peut-être se récite-t-elle quelques vers appris dans son enfance, peut-être un des poèmes qu'elle a écrits récemment : les vigilantes collines pourpres, les fragiles branches coupantes, les anges et leurs ciseaux découpant des flocons de neige dans de doux nuages blancs.

Elle s'approche maintenant du sol et télescope mentalement le temps qu'elle y passera, car en vérité c'est à terre que les choses semblent floues et disproportionnées, que le monde réel semble lointain. Quelles que soient les affaires à traiter, les lettres à poster, les appels à passer, les médailles à recevoir, les rendez-vous amoureux à consommer, quelles que soient les couronnes et décorations et visages rayonnants et fanfares qui l'attendent sur le tarmac et au-delà, elle ne s'ouvrira pas tant qu'elle n'aura pas quitté la terre ferme et repris le chemin du ciel. C'est à terre qu'elle se sent en apesanteur et elle a appris à faire de chaque ville une ancre, un agencement de poids et d'équilibre, mais elle ne se sentira pas complète à nouveau, elle le sait, tant qu'elle ne pourra pas contempler encore une fois, comme elle l'a décrite il n'y a pas longtemps, la tache du soir qui glisse hors de son cœur. Quand elle est en l'air reviennent les questions. Comment cela se termine-t-il. Vers quel futur volons-nous tous. Dans combien de temps la ville parfaite sera-t-elle achevée, à l'initiative de qui, aux frais de qui, et dans combien de temps la ville parfaite sera-t-elle défaite. Chaque ville est-elle parfaite à sa propre manière non reproductible ou la seule ville parfaite est-elle toutes les villes à la fois. Les villes pensent-elles. Rêvent-elles. Savent-elles que leur force réside dans la façon dont elles diffèrent des autres. Savent-elles qu'elles ont besoin les unes des autres pour s'épanouir, pour survivre, tout simplement pour exister. La ville est-elle tout ce que l'humanité a réussi à sauver de la ruine, ou est-elle la somme totale de la ruine elle-même. La ville s'effondrera-t-elle d'abord par épuisement, sera-ce l'humanité.

Elle sait ceci : il y a deux façons d'être sur la Terre. On peut voler trop loin, si loin qu'elle vous ramène sans avertissement et vous détruit, tout comme on peut rester si près qu'on finit par s'évaporer en elle. Ou bien on peut, à force de vigilance et d'appréhension constantes, chercher et apprendre à reconnaître les endroits où l'on est vivant, conscient, attentif, réel, et les garder réels aussi, leur faire de la place.

Cette réécriture collective des *Villes invisibles* d'Italo Calvino à l'occasion de son cinquantenaire est le fruit d'une collaboration de grande envergure au sein de l'Oulipo et au-delà. Elle a notamment bénéficié du concours gracieux de plusieurs experts dans des domaines tels que l'urbanisme, la climatologie, l'administration municipale, l'organisation communautaire, l'architecture et la diplomatie — liste non-exhaustive —, qui interrogent tous à leur manière le sens pratique de la ville contemporaine. Qu'ils soient remerciés ici : Ian Klaus, Seth Schultz, Kristina Kearns, Laura Schewel, Erina Alejo, Lorenzo Alunni, Mario Alejandro Ariza, Pierre Baillet, Janet Delaney, Yann Françoise, Lorenzo Kihlgren Grandi, Béatrice Gross, Kiran Jain, Shilpi Kumar, Mélanie Lemaréchal, Christian Nakarado, Peggy Phelan, Marta Ponsa, Lionel Prigent, Ato Quayson, Luis Renta, Simon Sylvester-Chaudhuri, Virginie Tahar, Raksha Vasudevan, Lucas Wittmann.

Les onze catégories qui rythment ce projet sont calquées sur celles du livre originel, mais elles privilégient des questions et des problématiques dont la pertinence particulière s'est manifestée pendant le demi-siècle séparant notre époque du monde de 1972. Les villes de chaque catégorie se divisent également en cinq types, quatre pris dans les « chemins de transition » préconisés par le GIEC, Groupe d'experts intergouvernementaux sur l'évolution du climat — l'utilisation des terres, l'industrie, l'inclusivité, les systèmes naturels —, et un dernier laissé ouvert aux propositions inclassables. Il en résulte cinquante-cinq villes imaginaires, pour ne pas dire impossibles, conçues chacune autour d'une thématique urbaine réelle. Certaines de ces thématiques sont devenues familières au cours des années récentes ; d'autres restent le domaine réservé des experts mais ne tarderont pas, dans les décennies qui viennent, à intégrer notre lexique quotidien, c'est-à-dire notre réalité commune.

La table thématique, reproduite ci-dessous, est offerte aux lecteurs et lectrices qui voudront s'en servir.

POUR L'OULIPO,
DANIEL LEVIN BECKER

	Utilisation des terres	Industrie
Les villes et le mouvement	Villes sans voitures	Fret aérien et maritime
Les villes et les frontières	Cartographie	Couverture terrestre urbaine
Les villes et l'eau	Perméabilité des sols	Gestion des eaux usées
Les villes hostiles	Pollution de l'air	Mobilier urbain anti-SDF
Les villes et le travail	Industrie extractive	Cités ouvrières
Les villes connectées	Routes commerciales	Télétravail
Les villes sanctuaires	Banques des graines	Travail des sans-papiers
Les villes malades	Déserts alimentaires	Communautés « fenceline »
Les villes biologiques	Capacité d'adaptation	Fermes verticales
Les villes et les fantômes	Réensauvagement	Désindustrialisation
Les villes circulaires	Recyclage	Économie circulaire

Inclusivité	**Systèmes naturels**	**Divers**
Accessibilité piétonne	Phénomènes météo-rologiques extrêmes	Villes lentes
Creusets	Bassins versants	Réseaux et jumelages
Stress hydrique	Élévation du niveau de la mer	Crues soudaines
Résistance collective	Désertification	Sans-abris
Économie informelle	Emploi vert	Main d'œuvre qualifiée et non qualifiée
Surveillance	Action collective	Internet des objets
Établissements religieux	Réfugiés climatiques	Espaces silencieux
Accès aux soins	Propagation de maladies	Gestion des déchets
Jardins publics	Biomimétisme	Marchés humides
Détenus	Patrimoine biologique	Monuments
Savoirs traditionnels	Îlots de chaleur urbains	Déclin et survie

Table

I

II

VII

VIII

IX

Les Oulipiens
aux éditions Nous

ITALO CALVINO
Liguries

FRÉDÉRIC FORTE
Re-

JACQUES JOUET
À supposer...

JACQUES JOUET
Ruminations du potentiel

JACQUES JOUET
Dieu est entre guillemets

HERVÉ LE TELLIER
Demande au muet

OSKAR PASTIOR
Poèmepoèmes

JACQUES ROUBAUD
Traduire, journal

Jacques Roubaud
Kyrielle

Jacques Roubaud
La Dissolution

Jacques Roubaud
Description du projet

Jacques Roubaud
C

Jacques Roubaud
Tridents

Achevé d'imprimer
le 29 juin,
jour de la naissance
de Marcel Bénabou,
sur les presses
de l'imprimerie Corlet,
à Condé-sur-Noireau
(Calvados).

Dépôt légal : septembre 2024

Diffusion-Distribution
Belles Lettres

NOUS 4, chemin de Fleury
14000 Caen

www.editions-nous.com